Gerechter Frieden

Reihe herausgegeben von
Ines-Jacqueline Werkner, Heidelberg, Deutschland
Sarah Jäger, Heidelberg, Deutschland

„Si vis pacem para pacem" (Wenn du den Frieden willst, bereite den Frieden vor.) – unter dieser Maxime steht das Leitbild des gerechten Friedens, das in Deutschland, aber auch in großen Teilen der ökumenischen Bewegung weltweit als friedensethischer Konsens gelten kann. Damit verbunden ist ein Perspektivenwechsel: Nicht mehr der Krieg, sondern der Frieden steht im Fokus des neuen Konzeptes. Dennoch bleibt die Frage nach der Anwendung von Waffengewalt auch für den gerechten Frieden virulent, gilt diese nach wie vor als Ultima Ratio. Das Paradigma des gerechten Friedens einschließlich der rechtserhaltenden Gewalt steht auch im Mittelpunkt der Friedensdenkschrift der Evangelischen Kirche in Deutschland (EKD) von 2007. Seitdem hat sich die politische Weltlage erheblich verändert; es stellen sich neue friedens- und sicherheitspolitische Anforderungen. Zudem fordern qualitativ neuartige Entwicklungen wie autonome Waffensysteme im Bereich der Rüstung oder auch der Cyberwar als eine neue Form der Kriegsführung die Friedensethik heraus. Damit ergibt sich die Notwendigkeit, Analysen fortzuführen, sie um neue Problemlagen zu erweitern sowie Konkretionen vorzunehmen. Im Rahmen eines dreijährigen Konsultationsprozesses, der vom Rat der EKD und der Evangelischen Friedensarbeit unterstützt und von der Evangelischen Seelsorge in der Bundeswehr gefördert wird, stellen sich vier interdisziplinär zusammengesetzte Arbeitsgruppen dieser Aufgabe. Die Reihe präsentiert die Ergebnisse dieses Prozesses. Sie behandelt Grundsatzfragen (I), Fragen zur Gewalt (II), Frieden und Recht (III) sowie politisch-ethische Herausforderungen (IV).

Weitere Bände in der Reihe http://www.springer.com/series/15668

Ines-Jacqueline Werkner ·
Matthias Dembinski
(Hrsg.)

Gerechter Frieden jenseits des demokratischen Rechtsstaates

Politisch-ethische
Herausforderungen
Band 5

Hrsg.
Ines-Jacqueline Werkner
Forschungsstätte der
Evangelischen
Studiengemeinschaft
Heidelberg, Deutschland

Matthias Dembinski
Hessische Stiftung Friedens- und
Konfliktforschung
Frankfurt am Main, Deutschland

ISSN 2662-2726 ISSN 2662-2734 (electronic)
Gerechter Frieden
ISBN 978-3-658-27574-7 ISBN 978-3-658-27575-4 (eBook)
https://doi.org/10.1007/978-3-658-27575-4

Die Deutsche Nationalbibliothek verzeichnet diese Publikation in der Deutschen Nationalbibliografie; detaillierte bibliografische Daten sind im Internet über http://dnb.d-nb.de abrufbar.

Springer VS
© Springer Fachmedien Wiesbaden GmbH, ein Teil von Springer Nature 2019
Das Werk einschließlich aller seiner Teile ist urheberrechtlich geschützt. Jede Verwertung, die nicht ausdrücklich vom Urheberrechtsgesetz zugelassen ist, bedarf der vorherigen Zustimmung des Verlags. Das gilt insbesondere für Vervielfältigungen, Bearbeitungen, Übersetzungen, Mikroverfilmungen und die Einspeicherung und Verarbeitung in elektronischen Systemen.
Die Wiedergabe von allgemein beschreibenden Bezeichnungen, Marken, Unternehmensnamen etc. in diesem Werk bedeutet nicht, dass diese frei durch jedermann benutzt werden dürfen. Die Berechtigung zur Benutzung unterliegt, auch ohne gesonderten Hinweis hierzu, den Regeln des Markenrechts. Die Rechte des jeweiligen Zeicheninhabers sind zu beachten.
Der Verlag, die Autoren und die Herausgeber gehen davon aus, dass die Angaben und Informationen in diesem Werk zum Zeitpunkt der Veröffentlichung vollständig und korrekt sind. Weder der Verlag, noch die Autoren oder die Herausgeber übernehmen, ausdrücklich oder implizit, Gewähr für den Inhalt des Werkes, etwaige Fehler oder Äußerungen. Der Verlag bleibt im Hinblick auf geografische Zuordnungen und Gebietsbezeichnungen in veröffentlichten Karten und Institutionsadressen neutral.

Springer VS ist ein Imprint der eingetragenen Gesellschaft Springer Fachmedien Wiesbaden GmbH und ist ein Teil von Springer Nature.
Die Anschrift der Gesellschaft ist: Abraham-Lincoln-Str. 46, 65189 Wiesbaden, Germany

Inhalt

Gerechter Frieden jenseits des demokratischen
Rechtsstaates. Eine Einführung 1
Ines-Jacqueline Werkner

**Teil 1
Konstellationen jenseits des demokratischen Rechtsstaates**

Weltinnenpolitik für den Frieden in der Welt? 17
Ulrich Bartosch

Friedensethische Herausforderungen im Umgang
mit autoritären Regimen 45
Rainer Tetzlaff

Teil 2
Potenziale der Zivilgesellschaft für einen gerechten Frieden

Überlegungen zum Begriff der Zivilgesellschaft 79
Ansgar Klein

Transnationale religiöse Akteure am Beispiel der
palästinensischen Boykott-Kampagne gegen Israel 97
Claudia Baumgart-Ochse

Kirchen als Akteurinnen in der Zivilgesellschaft –
eine theologische Perspektive 127
Sarah Jäger

Die Rolle von Zivilgesellschaft in stabilen Autokratien
am Beispiel der Russischen Orthodoxen Kirche 151
Thomas Bremer und Maria Toropova

Synthese

Gerechter Frieden in einer gespaltenen Welt.
Die Potenziale von Anerkennung, Weltinnenpolitik
und Zivilgesellschaft 177
Matthias Dembinski

Autorinnen und Autoren 189

Gerechter Frieden jenseits des demokratischen Rechtsstaates
Eine Einführung

Ines-Jacqueline Werkner

1 Einleitung

Das Konzept des gerechten Friedens – in der Evangelischen Kirche in Deutschland (EKD) entfaltet in der Denkschrift von 2007 – wird breit diskutiert. Reflexionen erfolgen vor allem im Hinblick auf drei friedensethische Kategorien: Recht, Gerechtigkeit und Gewalt. Dabei wird Recht als Mittel friedensfördernden Handelns verstanden, ausgedrückt in der Formel „Gerechter Friede durch Recht" (EKD 2007, Kap. 3). Der Stellenwert der Gerechtigkeit für den Frieden zeigt sich im Terminus des Konzeptes selbst, verbunden mit Debatten um das rechte Verhältnis von Frieden und Gerechtigkeit. Gewalt schließlich ergibt sich als eine dritte Kernkategorie, erweist sich die Einhegung dieser für ein friedliches Zusammenleben der Menschen als zentrale und dauerhafte Herausforderung (vgl. Werkner 2017, S. 3f.). Vernachlässigt werden dagegen häufig Fragen von Herrschaft und Herrschaftsverhältnissen. Darunter lassen sich ganz allgemein „auf Dauer gestellte[] und auf unterschiedlichen Graden von Legitimität beruhende[] Über- und Unterordnungsverhältnis[se] zwischen Herrschenden und Beherrschten" (Imbusch 2017, S. 129) verstehen. Auch diese stellen eine zentrale friedensethische Kategorie dar, die über den inneren und äußeren Frieden entscheidet. Dabei kann Herrschaft positive wie auch negative Wirkungen zeitigen:

> „Positive Eigenschaften von Herrschaft können in ihrer Ordnungs- und Integrationsfunktion gesehen werden, negative Eigenschaften resultieren aus der durch Herrschaft verursachten Verstetigung von Dominanz- und Ungleichheitsmustern in der Gesellschaft" (Imbusch 2017, S. 129).

Daraus erklärt sich dann auch der „enge[] Nexus zwischen Ungleichheit, Herrschaft und Konflikt", dessen Beziehungsgeflecht in hohem Maße das Zusammenleben und den Frieden in und zwischen Gesellschaften prägt (Imbusch 2017, S. 135).

Aktuell sind es vor allem zwei Konstellationen, durch die der gerechte Frieden im Hinblick auf die friedensethische Kategorie der Herrschaft herausgefordert ist: einerseits durch die Herrschaft jenseits des Staates, andererseits durch die Herrschaft jenseits von Demokratie und Rechtsstaatlichkeit. Hier zeigen sich in der Friedensdenkschrift der EKD zwei Leerstellen, die einer Konkretion bedürfen. So schenkt sie zum einen der Ausbildung globaler Ordnungsstrukturen, die über die bekannten internationalen Organisationen hinausgehen, nur relativ wenig Beachtung. Zwar verweist die EKD-Denkschrift einleitend in ihren Ausführungen über politische Friedensaufgaben auf die Notwendigkeit von *Global Governance* und einer Weiterentwicklung des transnationalen Engagements (vgl. EKD 2007, Ziff. 124), in der Folge finden sich aber nur wenig konkrete Bezüge zur poststaatlichen Konstellation. Vor allem fehlen tiefgehende Auseinandersetzungen mit damit verbundenen Herausforderungen, kritische Reflexionen und Differenzierungen, unter anderem im Hinblick auf transnationale Akteure (vgl. EKD 2007, Ziff. 134ff.).

Zum anderen trägt die Friedensdenkschrift im Hinblick auf politische Friedensaufgaben (EKD 2007, Kap. 4) einen starken liberalen Impetus. Frieden auf politischer Ebene wird auf der Basis eines liberalen Friedens mit zentralen Prinzipien wie Demokratie und Rechtsstaatlichkeit verstanden. Daraus erklärt sich dann auch der starke Fokus auf die Europäische Union als „Friedensmacht" und „Modell für andere Regionen" (EKD 2007, Ziff. 142). Bei den mittel- und osteuropäischen Staaten ist diese Strategie angesichts der damit verbundenen EU-Beitrittsperspektive weitgehend aufgegangen – und auch hier gibt es Rückschläge. Offen ist bis heute aber die Frage, wie mit autoritären Regimen umzugehen ist, die sich einer Transformation im Sinne eines liberalen Friedens verweigern. Symptomatisch steht hier unter anderem der schwierige Umgang mit Russland. Aber auch die zunehmende Entfremdung zur Türkei weist auf diese Problematik hin.

Beide Herausforderungen – sowohl die Herrschaft jenseits des Staates als auch die Herrschaft jenseits von Demokratie und Rechtsstaatlichkeit – sollen in diesem Band näher in den Blick genommen und einer friedensethischen Analyse unterzogen werden.

2 Frieden unter Bedingungen der Globalisierung

Bis heute dominiert die Differenzierung von innerem und äußerem beziehungsweise innerstaatlichem und internationalem Frieden. Auch prägen noch immer „jene Denktraditionen die Vorstellungen vom Frieden und seiner Verwirklichung, die internationale Politik als die Welt der Staaten sehen" (Weller und Bösch 2015, S. 15). Diese Dichotomie lässt sich jedoch immer weniger aufrechterhalten. Die Globalisierung ist zum bestimmenden Paradigma geworden. Darunter lassen sich „Prozesse sozialen Wandelns [verstehen], bei denen sich soziale Handlungszusammenhänge zunehmend unabhängig von nationalstaatlichen Grenzen konstituieren" (Weller und Bösch 2015, S. 3). So sind es heute weniger die zwischenstaatlichen, sondern zunehmend transnationale Konflikte und Kriege[1], die das Konfliktgeschehen bestimmen. Auch lassen sich zentrale Herausforderungen wie der Klimawandel, die Finanzkrise oder die Proliferation von Massenvernichtungswaffen nicht mehr national, sondern nur noch global bearbeiten. Und selbst wenn Staaten weiterhin wichtige Akteure in der internationalen Politik bleiben, ist die „neue Dramaturgie der Weltpolitik" (Messner und Nuscheler 2003, S. 4) durch ein zunehmendes Aufkommen internationaler, transnationaler und privater Akteure geprägt. Vor diesem Hintergrund lässt sich auch der Frieden „nur noch als gesellschaftliche Herausforderung im globalen Maßstab, als Aufgabe in der Weltgesellschaft" betrachten (Weller und Bösch 2015, S. 17; vgl. auch Bonacker und Weller 2006). Diese neue Konstellation eröffnet Chancen, sind mit der Globalisierung neue Handlungsmöglichkeiten verbunden, birgt aber auch Gefahren, steigt mit der „Vervielfachung der Akteure in der internationalen Politik" auch „die Vielfalt der Interessen, die auf internationaler Ebene potenziell miteinander in Konflikt geraten können" (Weller und Bösch 2015, S. 12).

Transnationale Akteure als ein zentrales Merkmal der Globalisierung erweisen sich als vielschichtig und durchaus ambivalent: Einerseits gelten Nichtregierungsorganisationen (NGOs) mittlerweile als anerkannte „Mitspieler auf der Weltbühne" (Frantz und Martens 2006, S. 83). Sie sind in Bereichen wie Menschenrechte, Umwelt, Entwicklungshilfe, humanitäre Hilfe sowie der Frie-

---

1 Transnationale Konflikte sind durch grenzüberschreitende Konfliktkonstellationen sowie die Involvierung nichtstaatlicher Akteure gekennzeichnet (vgl. Weller und Bösch 2015, S. 2).

Einführung

densarbeit anzutreffen und agieren dort als wichtige Agenda- und Standard-Setter, Berater und Experten (vgl. Frantz und Martens 2006, S. 83ff.). Institutionell zeigt sich der gestiegene Einfluss beispielsweise am rasanten Anstieg von NGOs, die einen Konsultativstatus beim Wirtschafts- und Sozialrat der Vereinten Nationen (ECOSOC) besitzen – mittlerweile über 3.000 NGOs. Andererseits steigt aber auch das Aufkommen nichtstaatlicher Gewaltakteure wie die Taliban, Al Quaida oder der sogenannte Islamische Staat, die die internationale Friedensordnung nachhaltig herausfordern. Mit dieser Gegenüberstellung ist die Vielfalt der transnationalen Akteure aber noch nicht erfasst. So gibt es auch Gewaltakteure, die eine gerechtigkeitsfördernde Wirkung entfalten können, wie es zivilgesellschaftliche Akteure gibt, die konfliktverschärfend wirken (vgl. HSFK-Programm „Transnationale Akteure").[2] Zu konstatieren bleibt, dass die Forschung zur Rolle transnationaler Akteure bei der Schaffung und Konsolidierung gerechter Friedensordnungen noch relativ am Anfang steht und weiterer Beachtung bedarf.

Schließlich verlangt ein Regieren im Zeitalter der Globalisierung auch Strukturen, die eine Bearbeitung globaler Herausforderungen ermöglichen. *Global Governance* stellt hier ein Modell dar „mit dem Anspruch zur Konzeptionalisierung und Bearbeitung wachsender globaler Widersprüche und Disparitäten" (Rohloff 2011, S. 140). Das geht über auf Nationalstaaten fußende internationale Verregelungen deutlich hinaus. In diesem Sinne stellen auch Dirk Messner und Franz Nuscheler (2003, S. 23) fest:

„Wenn Global Governance allerdings nur ein anderes Wort für den intergouvernementalen Multilateralismus und die multilateral verregelte Konfliktbearbeitung ist, dann verliert der Begriff seinen erweiterten Inhalt."

---

2 https://www.hsfk.de/forschung/transnationale-akteure/.

Global Governance geht über ein *Governance by Government* deutlich hinaus. Dabei haben sich nicht nur die Themenfelder internationaler Institutionen und Organisationen erheblich ausgeweitet; es umfasst auch Entwicklungen der Supranationalisierung (wie beispielsweise in der Europäischen Union) und Transnationalisierung. Letztere beinhaltet einen Prozess, „bei dem nichtstaatliche Akteure die Träger internationaler politischer Regelungen und Aktivitäten sind, ohne dass Staaten die Aufgabe an diese formal delegiert haben" (Zürn 2010). Aber es schließt auch ein Nachdenken über weltpolitische Strukturen mit ein. Dabei gilt es insbesondere, die Folgen von Globalisierung und einer zunehmenden Entgrenzung der Staatenwelt bei einem gleichzeitigen Fehlen einer ordnenden Weltinnenpolitik (Beck 2007, 2010) zu überdenken.

3 Gerechter Frieden und autoritäre Regime

Gerechter Frieden jenseits des demokratischen Rechtsstaates – das umfasst neben Fragen der Herrschaft jenseits des Staates auch Fragen zur Herrschaft jenseits von Demokratie und Rechtsstaatlichkeit und damit zum Umgang mit autoritären Regimen. Empirisch scheint diese Frage an Bedeutung zu gewinnen, konstatieren Sozialwissenschaftler wie Wolfgang Merkel und Johannes Gerschewski (2011, S. 21) einen „kontinuierlichen Rückgang der weltweiten Demokratiewerte" und eine „wachsende Strahlkraft" autoritärer Regime wie China oder Russland „für die wirtschaftliche Prosperität und die politische Ordnungsleistung dieser Systeme im regionalen Kontext" (zit. nach Tetzlaff 2017, S. 664).

Friedensstrategisch dominiert im Westen das Konzept des liberalen Friedens. Das auf Immanuel Kant zurückgehende liberale Theorem des demokratischen Friedens geht von der Annahme aus, dass Demokratien grundsätzlich friedfertiger seien als andere

Formen staatlicher Organisation. So würden Institutionen der Demokratie wie Gewaltenteilung, Rechtsstaatlichkeit, Wahlen, Meinungs- und Pressefreiheit, Transparenz sowie öffentliche Diskurse den Bürgerwillen in politische Entscheidungen transformieren. Ganz in diesem Sinne heißt es auch bei Christoph Rohloff (2011, S. 139):

„Die Annahme, daß demokratische Systeme eher bereit wären, Menschenrechtsnormen und Good Governance umzusetzen als autoritäre Systeme, ist […] offenkundig. Es sind demokratische Regierungen, die durch ihre zivilgesellschaftliche Fundierung die Normierung der Menschenrechte vorantreiben und ihre Einhaltung einfordern."

Das legt die Schlussfolgerung nahe, den Weltfrieden aktiv durch innerstaatliche Demokratisierung fördern zu können. Das Theorem des demokratischen Friedens ist aber durchaus umstritten. Zwar führen Demokratien untereinander keine Kriege, gegenüber Nichtdemokratien seien sie aber durchaus kriegsbereit. So weisen die Kausalmechanismen nicht so eindeutig in Richtung Frieden wie es die Theorie vorgebe. Für die Antinomien lassen sich verschiedene Gründe ausmachen: Zum einen erfolge die Etikettierung von Nichtdemokratien als different und letztlich minderwertig und gefährlich. So neige man, zwischen der demokratischen *in-group* und der autoritären *out-group* zu unterscheiden. Zum anderen erweisen sich die utilitaristischen Kosten-Nutzen-Kalküle als ambivalent. Es sei unsicher, ob die Bürger unter allen Umständen Kriegsopfer und -kosten vermeiden wollen. Zu denken sei hier beispielsweise an neue Waffentechnologien wie unbemannte Systeme, die eingesetzt werden können, ohne die eigenen Soldatinnen und Soldaten zu gefährden. Darüber hinaus könne die institutionalistische Grundlegung des demokratischen Friedens durch einen Zuwachs an Entscheidungsbefugnissen internationaler

Organisationen untergraben werden (vgl. Müller 2003; zu weiteren Argumentationen vgl. u. a. auch Hasenclever 2006).

Eine zweite und in einem engen Zusammenhang zum liberalen Frieden stehende Friedensstrategie stellt das „zivilisatorische Hexagon" (Senghaas 1995) dar. Danach tragen sechs Komponenten in ihrem Zusammenwirken und ihrer wechselseitigen Bedingtheit zu einem inneren Frieden bei: ein staatliches Gewaltmonopol, Rechtsstaatlichkeit, demokratische Teilhabe, soziale Gerechtigkeit, Interdependenzen und Affektkontrolle sowie eine konstruktive Konfliktkultur. Beiden Ansätzen – dem demokratischen Frieden und dem zivilisatorischen Hexagon – gemeinsam ist das Ideal des demokratischen Staates. Offen bleibt jedoch, inwieweit sich dieses Zivilisierungsmodell auf andere Regionen beziehungsweise Kulturen übertragen lasse. Einfach andernorts implantierbar sei es – so Dieter Senghaas selbst – jedenfalls nicht.

Angesichts der seit den 1990er Jahren nachlassenden Strahlkraft liberaler Staatsmodelle konstatieren auch Patricia Schneider und Kollegen (2017, S. 68):

„Die einstige Lösung, den Weltfrieden zu erreichen, indem alle Herrschaftsverhältnisse demokratisiert werden, ist verworfen worden. An ihre Stelle treten Fragen nach anderen Weltbildern und Identitäten, der Bewertung der Veränderungen der globalen Machtarchitektur, neuen innergesellschaftlichen Potenzialen, […] und inwiefern diese Phänomene in westliche Friedensstrategien integriert werden können."

4   Zu diesem Band

In Konkretion der Friedensdenkschrift der EKD und in Rückbindung an die Konzeption des gerechten Friedens wendet sich der Band dezidiert Konstellationen und aktuellen Herausforderungen jenseits des demokratischen Rechtsstaates zu (Part 1). Dies umfasst zum einen Fragen der Herrschaft jenseits des Staates. Globalisierung und *Global Governance* erfordern ein vertieftes Nachdenken über neue weltpolitische Strukturen. Vor diesem Hintergrund nimmt der Beitrag von *Ulrich Bartosch* Weltinnenpolitik, ein in den 1960er Jahren von Carl Friedrich von Weizsäcker geprägtes Konzept, in den Blick. In Reflexion auch der Diskurse bei Ulrich Beck, Johan Galtung und Jürgen Habermas eruiert er „weiterhin gültige[] Aspekte[] einer weltinnpolitischen Perspektive, die Impulse für eine zukunftssichernde Weltpolitik geben können". Denn auch wenn es sich bei Weltinnenpolitik um einen an sich paradoxen Begriff handelt, da Innen zugleich ein Außen impliziert, das nicht zu bestimmen ist, ist dieser Begriff mit zukünftigen Problemstellungen befasst. Damit bleibe – so Bartosch – „die Tatsache, dass die Zukünftigen jetzt nicht innen dazugehören".

Neben einer Herrschaft jenseits des Staates stehen Fragen einer Herrschaft jenseits von Demokratie und Rechtsstaatlichkeit im Fokus dieses Bandes. Dafür steht der Beitrag von *Rainer Tetzlaff*. Er widmet sich autoritären Regimen. Ausgehend von den Ursachen des Verblassens von Demokratie als normative Leitidee entfaltet der Autor ein Panorama von sieben autoritären Herrschaftsformen der Gegenwart, um auf deren Grundlage und am Fallbeispiel von Äthiopien seit 1991 zu prüfen, wie friedensfähig autoritäre Regime sind und welche friedensethischen Herausforderungen sich im Umgang mit ihnen stellen.

Bei beiden friedensethischen Herausforderungen – sowohl bei Herrschaftsformen jenseits des Staates als auch bei Konstellationen jenseits von Demokratie und Rechtsstaatlichkeit – kommt der Zivilgesellschaft eine Schlüsselposition zu. Der zweite Part dieses Bandes widmet sich ihren Potenzialen – auch für einen gerechten Frieden. Den Auftakt bildet hier der Beitrag von *Ansgar Klein* mit grundsätzlichen Überlegungen zum Begriff der Zivilgesellschaft.

Der Autor skizziert Handlungsräume und Akteure der Zivilgesellschaft. Dabei steht der Begriff vor der Herausforderung, „mit der Besetzung der zivilgesellschaftlichen Handlungsräume auch durch rechtspopulistische und menschenfeindliche Akteure umgehen zu müssen". Vor diesem Hintergrund fordert er „eine klare Unterscheidung analytischer und normativer Dimensionen des Begriffsverständnisses und eine Klärung ihres Zusammenhangs" ein.

Vor diesem Hintergrund stehen zunächst transnationale religiöse Akteure im Fokus der Betrachtung. *Claudia Baumgart-Ochse* untersucht am Beispiel zweier christlicher Organisationen und ihrer Positionierung zur palästinensischen Boykott-Kampagne gegen Israel, wie und warum sich die grundlegende Ambivalenz religiösen Handelns auch im transnationalen Bereich zeigt. Dabei lasse sich – so ein Resultat dieses Beitrages – „die Positionierung transnationaler religiöser Akteure in aktuellen politischen Konflikten nicht unmittelbar aus theologischen Normen und Dogmen ableiten", sondern seien stets auch abhängig von „den konkreten politischen, ökonomischen und sozialen Gegebenheiten".

Sarah Jäger wendet sich in ihrem Beitrag den Kirchen als Akteurinnen der Zivilgesellschaft zu. Das Zusammendenken von Kirche und Zivilgesellschaft erweist sich als relativ neu; dieses ist – insbesondere in der katholischen Kirche – nicht unumstritten, scheint für die Kirchen zuweilen aber auch attraktiv zu sein. Ausgehend von Jürgen Habermas, der – „religiös unmusikalisch" – in seiner Friedenspreisrede gerade den Kirchen eine gewichtige Bedeutung im gesellschaftlichen Diskurs zuschreibt und ein Ausschöpfen ihrer semantischen Potenziale anmahnt, geht die Autorin zwei Spuren nach: Sie fragt nach der Vermittlungsfunktion von Kirche und ihrer Aufgabe als sinnstiftende Institution.

Thomas Bremer und *Maria Toropova* nehmen die Rolle der Zivilgesellschaften in autoritären Regimen und die Frage, inwieweit diese ein demokratie- und friedensförderndes Potenzial entfalten können, in den Blick. In ihrer Analyse legen sie einen besonderen Fokus auf das kirchliche Zivilengagement. Als spezifisches Fallbeispiel dient die Russische Orthodoxe Kirche, fand hier „die Evolution der Kirche nach dem Zerfall der Sowjetunion parallel mit dem Systemwechsel in Russland statt". Das Ergebnis fällt durchaus ernüchternd aus, seien die Aktionsmöglichkeiten – so der Autor und die Autorin – von vielen Faktoren abhängig, wobei eine große Nähe der Kirche zum Staat häufig dazu führe, ihr zivilgesellschaftliches Potenzial zu verspielen.

In der abschließenden Synthese führt *Matthias Dembinski* die Argumentationsstränge noch einmal zusammen. Einerseits sei – so der Autor – die Ausrichtung in der EKD-Friedensdenkschrift verständlich, könne „die Einlösung des Versprechens, gerechten Frieden durch das Recht zu schaffen, am ehesten dann gelingen, wenn das internationale Recht auf die im Inneren von Staaten verwirklichte Demokratie und Rechtsstaatlichkeit bauen kann". Dennoch stelle sich die Frage, wie „zwischenstaatliche Zusammenarbeit organisiert sein [sollte], um sowohl den herrschaftspolitischen und normativen Unterschieden als auch den gemeinsamen Problemlagen gerecht zu werden". Ausgehend von den vorliegenden Beiträgen regt Dembinski eine Typologie nicht-demokratischer Systeme hinsichtlich ihres Außenverhaltens sowie mit Blick auf die Qualität und das Niveau ihres zivilgesellschaftlichen Engagements an.

Literatur

Beck, Ulrich. 2007. *Weltrisikogesellschaft*. Frankfurt a. M.: Suhrkamp.
Beck, Ulrich. 2010. *Nachrichten aus der Weltinnenpolitik*. Frankfurt a. M.: Suhrkamp.

Bonacker, Thorsten und Christoph Weller. 2006. Konflikte in der Weltgesellschaft: aktuelle Theorie- und Forschungsperspektiven. In *Konflikte in der Weltgesellschaft: Akteure, Strukturen, Dynamiken*, hrsg. von Thorsten Bonacker und Christoph Weller, 9–48. Frankfurt a. M.: Campus.

Evangelische Kirche in Deutschland (EKD). 2007. *Aus Gottes Frieden leben – für gerechten Frieden sorgen. Eine Denkschrift des Rates der Evangelischen Kirche in Deutschland.* Gütersloh: Gütersloher Verlagshaus.

Frantz, Christiane und Kerstin Martens. 2006. *Nichtregierungsorganisationen (NGOs)*. Wiesbaden: VS Verlag für Sozialwissenschaften.

Hasenclever, Andreas. 2006. Liberale Ansätze zum „demokratischen Frieden". In *Theorien der Internationalen Beziehungen*, hrsg. von Siegfried Schieder und Manuela Spindler, 213–241. 2. Aufl. Opladen: Verlag Barbara Budrich.

Imbusch, Peter. 2017. Die friedensethische Bedeutung der Kategorie Herrschaft. In *Handbuch Friedensethik*, hrsg. von Ines-Jacqueline Werkner und Klaus Ebeling, 127–138. Wiesbaden: Springer VS.

Merkel, Wolfgang und Johannes Gerschewski. 2011. Autokratien am Scheideweg. Ein Modell zur Erforschung diktatorischer Regime. *WZB Mitteilungen* September 2011 (133): 21–24.

Messner, Dirk und Franz Nuscheler. 2003. *Das Konzept Gobal Governance. Stand und Perspektiven*. Duisburg: INEF.

Müller, Harald. 2003. Begriff, Theorien und Praxis des Friedens. In *Die neuen Internationalen Beziehungen: Forschungsstand und Perspektiven in Deutschland*, hrsg. von Gunther Hellmann, Klaus Dieter Wolf und Michael Zürn, 209–250. Baden-Baden: Nomos.

Rohloff, Christoph. 2011. Global Governance – ein tragfähiges Friedensprojekt? In *Die Vereinten Nationen vor globalen Herausforderungen. Referate der Potsdamer UNO-Konferenzen 2000–2008*, hrsg. von Helmut Vogler und Norman Weiß, 139–152. Potsdam: Universitätsverlag Potsdam.

Schneider, Patricia, Kirstin Bunge, Horst Sebastian, Mayeul Hiéramente, Michael Brzoska und Götz Neuneck. 2017. Frieden in verschiedenen Wissenschaftsdisziplinen. In *Handbuch Friedensethik*, hrsg. von Ines-Jacqueline Werkner und Klaus Ebeling, 55–75. Wiesbaden: Springer VS.

Senghaas, Dieter. 1995. Hexagon-Variationen: Zivilisierte Konfliktbearbeitung trotz Fundamentalpolitisierung. In *Friedliche Konfliktbearbei-*

tung in der Staaten- und Gesellschaftswelt, hrsg. von Norbert Ropers und Tobias Debiel, 37–55. Bonn: Stiftung Entwicklung und Frieden.
Tetzlaff, Rainer. 2017. Zur Friedensfähigkeit von Diktaturen und autoritären Regimen. In *Handbuch Friedensethik*, hrsg. von Ines-Jacqueline Werkner und Klaus Ebeling, 663–673. Wiesbaden: Springer VS.
Weller, Christoph und Richard Bösch. 2015. Globalisierung und transnationale Konflikte: Frieden aus einer Global-Governance-Perspektive. http://fes-online-akademie.de/fileadmin/Inhalte/01_Themen/02_Globalisierung/dokumente/150120_FES_OA_Transnat._Konflikte.pdf. Zugegriffen: 10. September 2018.
Werkner, Ines-Jacqueline. 2017. Einführung in das Handbuch. In *Handbuch Friedensethik*, hrsg. von Ines-Jacqueline Werkner und Klaus Ebeling, 1–8. Wiesbaden: Springer VS.
Zürn, Michael. 2010. Internationale Institutionen und nichtstaatliche Akteure in der Global Governance. http://www.bpb.de/apuz/32562/internationale-institutionen-und-nichtstaatliche-akteure-in-der-global-governance?p=all. Zugegriffen: 25. September 2018.

Teil 1
Konstellationen jenseits des demokratischen Rechtsstaates

Weltinnenpolitik für den Frieden in der Welt?

Ulrich Bartosch

1 Einleitung

Kann Weltinnenpolitik – ein in den 1960er Jahren von Carl Friedrich von Weizsäcker geprägtes Konzept – noch als tragfähiger friedenspolitischer Entwurf dienen? Es spricht einiges dagegen. Im Kern ist die Sinnhaftigkeit von Weltinnenpolitik an die echte Besorgnis vor einem drohenden Atomkrieg gebunden. Die Angst vor der plötzlichen, umfassenden Vernichtung der lebenswerten Welt stellte den Realismus des Konzeptes sicher. Heute scheint diese Gefährdung kaum zu beunruhigen. Das Gespenst der Klimakatastrophe hat diesen Platz eingenommen. Hier allerdings ist eine schleichende Vernichtung angesprochen. Sie wird Verlierer und Sieger erzeugen. Eine transformierende unmittelbare einigende Furcht der Menschheit kann man kaum erwarten. Zugleich finden sich im weltinnenpolitischen Diskurs der letzten Jahrzehnte Anhaltspunkte, die eine demokratiefördernde Weltinnenpolitik – gerade mit Blick auf ein friedenspolitisch erfolgreiches Europa – fortentwickeln wollten. Auch sie sind durch die aktuellen Entwicklungen eines fragmentierten Europagedankens Gedanken einer

Vergangenheit, die eher andere Zukunftsentwicklungen erzeugen und wahrscheinlich werden lassen. Der nachfolgende Beitrag sucht nach den weiterhin gültigen Aspekten einer weltinnenpolitischen Perspektive, die Impulse für eine zukunftssichernde Weltpolitik geben können.

2 Weltinnenpolitik: zur Paradoxie eines Begriffs

Im Grunde ist die Vorstellung einer Welt, die – analog zur innerstaatlichen Politik – global umspannend innenpolitisch regiert wird, in sich unlogisch. Aus welcher Perspektive man es auch betrachtet, der Begriff Innenpolitik verweist unvermeidbar auf eine Außenpolitik. Beide Ausprägungen der Politik unterscheiden sich definitionsgemäß als Antinomien. Innen ist nicht Außen und Außen ist das, was nicht innen ist. Es ist eine dualistische Konstruktion, die ein Drittes, das gemeinsame Niemandsland – also ein Innenaußen oder Außeninnen nicht zulässt.

Die Verwendung des Begriffes Weltinnenpolitik unterstellt aber unmittelbar, dass der gesamten Welt eine Regierungsform gegeben ist oder gegeben sein könnte, die über das nötige Gewaltmonopol verfügte, den Erdkreis durch eine verbindliche Rechtsordnung zu befrieden, die mittels polizeilicher Exekution durchgesetzt würde. Gemäß der Schutzfunktion des Staates legitimiert sich dann diese Staatsmacht durch die Herstellung der Sicherheit für die ihm zugehörigen und territorial verorteten Personen. Eng mit dieser Idee ist die Vorstellung einer Weltregierung verbunden. Sie könnte die internationalen Beziehungen, die einer Außenpolitik bedürfen, überflüssig machen.

Folgt man dieser Logik, bleibt man aber die Auflösung für die zwingende Weiterentwicklung des Pendants der Innenpolitik – der

Außenpolitik – schuldig. Wenn Innenpolitik an Außenpolitik im Sinne der definitorischen Abgrenzung gebunden ist, muss diese definitorische Schuld aber eingelöst werden. Oder wäre Weltinnenpolitik gar nicht als bloße Extrapolation der staatlichen Innenpolitik zu denken, sondern verwiese auf *eine andere Qualität einer Politik*, die Weltfrieden ermöglichen und sichern würde? Vielleicht ließe sich dann auch die unlogische Begrifflichkeit „Weltaußenpolitik" sinnhaft bestimmen und so das Schreckensszenarios eines totalitären Weltstaates als Preis für den Frieden abwenden.

Jene Verwendungen des Begriffs Weltinnenpolitik, die eine Übertragung von innerstaatlichem Politikmodus auf die ganze Welt meinen, propagieren vermutlich die Idee des Weltstaates – sei dies absichtsvoll oder implizit vorgenommen. Da Innenpolitik in keiner Weise an rechtsstaatliche oder gar demokratische Prinzipien gebunden sein muss, sind auch schlimmste totalitäre Weltstaatsformen denkbar. Sie würden zur Durchsetzung der friedlichen Welt als geradezu zwingend, alternativlos eingeschätzt werden. Somit würde Weltinnenpolitik den Frieden um jeden Preis realisieren wollen. Wenn man dies vermeiden will, müsste die Verwendung des Begriffes gegebenenfalls im Sinne von rechtsstaatlicher und demokratischer Weltinnenpolitik präzisiert werden. Einen Versuch in dieser Richtung unternimmt beispielsweise Jürgen Habermas.

3 Nachruf auf Weltinnenpolitik

In seinem Essay „Zur Verfassung Europas" schrieb Jürgen Habermas (2011, S. 44):

> „Die anhaltende politische Fragmentierung in der Welt und in Europa steht im Widerspruch zum systemischen Zusammenwachsen einer multikulturellen Weltgesellschaft und blockiert Fortschritte

in der verfassungsrechtlichen Zivilisierung der staatlichen und gesellschaftlichen Gewaltverhältnisse."

Er skizzierte eine Weltordnung, in der genügend zentrale Gewalt zur Friedenssicherung vorhanden wäre und in der zugleich die demokratische Gestaltung von Weltpolitik realisiert würde. Darin müssten sich die Nationalstaaten „zunehmend, und zwar im eigenen Interesse, als Mitglieder der internationalen Gemeinschaft verstehen" (Habermas 2011, S. 106). Ein anderes staatliches Verhalten wäre nicht mehr zeitgemäß: „Was wir bis gestern ‚Politik' nannten, ändert täglich seinen Aggregatszustand" (Habermas 2011, S. 106f.). Habermas setzte auf die Trennung von *„sicherheitsrelevanten* Aufgaben der Weltorganisation" und *„verteilungsrelevanten* Fragen der Weltinnenpolitik" (Habermas 2011, S. 93). Die Europäische Union mit ihren Möglichkeiten einer abgestimmten Wirtschafts- und Außenpolitik erschien ihm als Blaupause für eine supranationale Politikgestaltung, die auf den Weltmaßstab übertragbar wäre. Da der „europäische Einigungsprozess, der immer schon über die Köpfe der Bevölkerung hinweg entschieden worden ist, [...] heute in der Sackgasse" steckt, müsste eine gemeinsame europäische Politik „vom bisher üblichen administrativen Modus auf eine stärkere Beteiligung der Bevölkerung umgestellt" werden (Habermas 2011, S. 123f.). Heute, im Jahr 2019, scheinen solche Hoffnungen erledigt. „Die Wiederentdeckung des deutschen Nationalstaats", die Habermas (2011, S. 124f.) bereits thematisierte, deutet nicht mehr nur auf eine national beschränkte Entwicklung. Es ist viel dramatischer: Nationalismus ist ein internationales Phänomen geworden, das die Politik in Europa und in der Welt prägt. Eine Weltinnenpolitik scheint als realistisches Konzept für die Zukunft gestorben und verdient einen Nachruf.

4 Vergangene Zukunft einer Weltinnenpolitik

Der Begriff Weltinnenpolitik ist von unterschiedlichen Akteuren im politischen und politikwissenschaftlichen Diskurs verwendet worden. Häufig war er mit einer Idee zukünftiger ziviler Weltpolitik verbunden, die den interdependenten Gegebenheiten im Zeitalter der Globalisierung gerecht werden sollte. Obwohl bereits in den 1960er Jahren von Weltinnenpolitik gesprochen wurde, erfuhr der Begriff erst mit dem Ende des Ost-West-Konflikts seine große Konjunktur (vgl. Bartosch 1995, S. 29ff.). Nun erschien eine neue Beweglichkeit für Politik möglich, die zur neuen „Erfindung des Politischen" (Ulrich Beck 1993) herausforderte:

> „Der Ost-West-Gegensatz war eine einzige Zementierung des Politischen: Die Rollen lagen fest, die Gegensätze regierten in alles hinein. Im kleinen, Alltäglichen wie im Großen, Weltpolitischen waren Normalität und Abweichung, ‚Führung', ‚Partnerschaft' und ‚Neutralität' abgesteckt und bis in die Einzelheiten der Industrieproduktion, der Kommunalpolitik, der Familienpolitik und der Technologiepolitik, der Entwicklungshilfepolitik usw. festgelegt. Es war die Ordnung des Großgegensatzes und dessen Verewigung, die dreierlei bewirkte: Spannung, klare Orientierungsmöglichkeiten und eine Weltordnung der Politik, die sich den Anschein des Unpolitischen geben konnte" (Beck 1993, S. 205).

In der neuen Phase militärischer Entspannung und der Annäherung der großen politischen Kontrahenten USA und UdSSR erschien es möglich, die UNO als echte Weltregierung zu erneuern und ausschließlich friedliche Formen der Konfliktlösung zu verfolgen. Die Erfolge einer klugen Rüstungskontrollpolitik und die Entschärfung der atomaren Konfrontation taten ein Übriges, um die Vorstellung einer freien Straße zur friedlichen Entwicklung in Europa und der Welt zu bekräftigen. Dass sich durch die Auflösung des sowjetischen

Imperiums jene Konflikte neu entfachen würden, die unter dem Deckel der Block-Disziplin offensichtlich weiter schwelten, brachte eine unerwartete Ernüchterung. Vom Balkan bis zum Nahen Osten brachen Kriege aus oder verschärften sich alte Konfrontationen – mit fürchterlichen Folgen für die Bevölkerung. Weltinnenpolitik wurde nun auch mit polizeilich interpretierten humanitären militärischen Interventionen verknüpft. Und auch die rechtlichen Ahndungen von Kriegsverbrechen durch den Internationalen Strafgerichtshof in Den Haag oder das UN-Kriegsverbrecher-Tribunal sind als Anzeichen eines gemeinsamen rechtlichen Verständnisses auch jenseits der Nationalstaaten gesehen worden.

Ulrich Beck (1993, S. 212) sah den Augenblick für eine reflexive Modernisierung gekommen, die einer Entkernung des Politischen gleicht. Die alten Fassaden des Politischen müssen neu gefüllt werden. Politik muss die Möglichkeiten der Zeit ergreifen und nicht abwehren:

„Reflexive Modernisierung hebt Grenzen – von Klassen, Branchen, Nationen, Kontinenten, Familien, Geschlechterrollen – auf. Gegenmodernisierung behauptet, zieht, schafft, befestigt alte Grenzen neu. Wir leben längst in einer real existierenden ‚Weltinnenpolitik' (Karl Friedrich von Weizsäcker) (sic!) – deswegen werden die Zäune renoviert und neue Flaggen aufgezogen, erstrahlt für viele die Zaunhaftigkeit des Denkens und Handelns in verführerischem Glanz" (Beck 1993, S. 100).

Vor diesem Befund musste die nationale Perspektive reflektiert werden. „Europa steht vor dem Aufbruch oder dem Zusammenbruch" und alle großen Probleme könnten, wie das Ozonloch, nur „durch eine konzertierte Aktion im Weltmaßstab gestopft, geflickt werden" (Beck 1993, S. 270). Aus heutiger Sicht – nach Monaten eines unwürdigen Brexit-Gerangels – erscheinen die Hoffnungen auf eine Zukunft der Weltpolitik, die weltinnenpolitische Züge gerade durch die vorbildhafte Gemeinschaftspolitik eines reflexiven Europas durchsetzt, als überholt. War eine Zukunftsvision Weltinnenpolitik nur in der Vergangenheit möglich?

5 „Nachrichten von einer Weltinnenpolitik"

Man muss heute also eher zurückblicken, wenn man Ulrich Becks „Nachrichten von einer Weltinnenpolitik" (2010) empfangen will. Beispielhaft werden hierfür, neben Beck selbst, die Autoren Johan Galtung und Jürgen Habermas herangezogen. Alle drei haben Weltinnenpolitik adressiert, um eine dringliche *umfassende Politikänderung* angesichts der drängenden Probleme der Zeit zu begründen.

5.1 Ulrich Beck

Im Vorwort seines Buches mit eben diesem Titel „Nachrichten aus der Weltinnenpolitik" zitiert Ulrich Beck (2010, S. 9) eine Frage, die der Soziologe und Philosoph Zygmunt Baumann an ihn richtet: „Dear Ulrich, […] wonderful […]. But how can one get to Weltinnenpolitik?", und konstatiert:

> „Globale Risiken (Klimawandel, Finanzkrise usw.) heben Grenzen und Kategorien auf und erzeugen eine ganz alltägliche ‚Weltinnenpolitik' *wider Willen*, in der der globale Andere *de facto* in unserer Mitte ist. Um dies überhaupt erkennbar zu machen, ist es notwendig, den Begriff ‚Weltinnenpolitik' umzubauen – vom philosophischen Kopf auf die sozialwissenschaftlichen Füße zu stellen. In diesem Buch ist von ‚Weltinnenpolitik' also nicht – das ist entscheidend – im Sinne der vorherrschenden, normativen Bedeutung eines anzustrebenden Ideals die Rede, an dem bemessen die Wirklichkeit absehbar scheitern muss. Es gilt vielmehr diesen

Begriff zu einem diagnostischem Schlüssel umzuschmieden, um die Tore zur wirklich existierenden, ‚unreinen' Weltinnenpolitik aufzuschließen" (Beck 2010, S. 9).

Für Ulrich Beck ist der diagnostische Wert des Begriffes entscheidend. Mit ihm kann er die politische Entwicklung einer Zeit zur Erscheinung bringen, die sich selbst als „unpolitisch" einschätzt. So verändert sich die Welt längst und vielfach, ohne dass diese Prozesse aktiv gestaltet würden. In diesem Sinne hätte die Befassung mit Weltinnenpolitik eine aufklärende Wirkung. Bezüglich der normativen Zielsetzung einer Weltinnenpolitik kann und muss Ulrich Beck keine Lösung formulieren: „Darauf habe ich keine Antwort. So viel ist klar: Die Kluft zwischen der real existierenden und der normativen Weltinnenpolitik überbrückt, überfliegt kein hegelscher Zeitgeist" (Beck 2010, S. 9).

Ulrich Beck sucht nach einer realistischen Beschreibung der globalisierten Welt. Die nationalstaatlichen oder regionalen Politiklösungen haben kein empirisches Fundament mehr: „Denn das ist eine Pointe der Nachrichten aus der Weltinnenpolitik: Das Außen, das der Begriff der ‚Auslagerung' vorgaukelt, gibt es nicht mehr" (Beck 2010., S. 14). Damit hat sich die Grundlage aller Politik verändert. Auch wenn die faktische Politik weiterhin in nationalen oder *inter*nationalen Strukturen denkt und handelt, ist sie längst in einem neuen Modus angekommen. Politik handelt gewissermaßen blind und vermeintlich unpolitische Prozesse sind in ihrem politischen Charakter und der nötigen Steuerungsnotwendigkeit unerkannt. Sie verweisen aber auf das jetzt Zeitgemäße:

„Die *faktische* Weltinnenpolitik wirft allerdings Fragen der *normativen* Weltinnenpolitik auf: Wie kann die ‚*Aus*lagerung' transnationaler Schäden aufgedeckt und auf die weltinnenpolitische Agenda gesetzt werden?" (Beck 2010, S. 15)

Weltinnenpolitik für den Frieden in der Welt?

Die normativen Fragen, die auch von Beck als ungelöst, ja vielleicht als unlösbar eingeschätzt werden, lassen sich nicht wegzaubern. Auch wenn wir die Augen davor schließen, spannen sie den Rahmen unserer Lebensbedingungen auf:

> „Weltinnenpolitik heißt: Egal, wie sympathisch oder fremd uns die Menschen anderer Hautfarbe, Nationalität und Religion erscheinen, wir müssen, um zu überleben, mit diesen ‚fremden Anderen' in dieser Welt der Korruption, des Leidens und der Ausbeutung zusammenleben und zusammenarbeiten. Begrabe alle Werte ‚politischer Reinheit', die dir vorgaukeln, dass du nicht dazugehörst, dass du außerhalb stehst!" (Beck 2010, S. 44)

Alle Ansätze einer übergreifenden weltgemeinschaftlichen Politik ziehen die richtige Konsequenz und bewegen sich – wenn auch teilweise unreflektiert – in die richtige Richtung:

> „Das Ringen um die Klima- und die Finanzpolitik ist damit letztlich ein Ringen um eine Neuerfindung und -begründung des Politischen, das die nationalstaatliche Souveränitätsordnung, wie sie im Westen vorgedacht und festgeschrieben wurde, durch eine weltinnenpolitische, weltbürgerliche Rechtsordnung korrigiert, die die Nationalstaaten zugleich bindet und von ihnen gemeinsam gegen Widerstände durchgesetzt wird. Niemand weiß, ob das gelingen kann" (Beck 2010, S. 52).

Die Anzeichen für eine richtige, aktive Weltinnenpolitik müssen kritisch gesehen und gewertet werden. Sie können auch Resultat eines nationalen, hegemonialen Konzepts sein, das sich der neuen Realität anpasst, ohne die neuen Grundsätze einer Weltinnenpolitik zu reflektieren. Der Krieg gegen den Terror gerät so zum Konzept einer nationalen Sicherheit, die globale Kontrolle beansprucht:

> „Aus den Trümmern des World Trade Centers wurde die Botschaft des weltinnenpolitischen Imperativs herausgelesen, dass niemals

wieder ein Land zum Hort des global agierenden Terrorismus werden dürfe. Aber dieser Krieg muss als ‚gefühlter Frieden' organisiert werden" (Beck 2010, S. 58).

Die Sicherheitspolitik bleibt spezifisch militärisch gedacht und organisiert. Sie richtet sich gegen einen Feind, der von außen eindringen würde beziehungsweise könnte, tut dies aber so, als sei dies im Modus der inneren Sicherheit zu realisieren. Die ganze Welt ist „innen" in dieser Sichtweise. Die Vollstreckung von Todesurteilen erfolgt auf eigenem Territorium oder, auch per Joy-Stick, irgendwo auf dem Globus.

Ulrich Beck benennt damit die politiktheoretische Lücke zwischen der traditionellen Politik und einer noch nicht „erfundenen" neuen Politik, die den Anforderungen der Gegenwart und der Zukunft gerecht werden könnte. Nicht zuletzt sieht er Bildung und Wissenschaft aufgerufen, den Raum für neues Denken zu bieten. Eine Bildungsreform im Sinne eines Wilhelm von Humboldt wäre an der Zeit. Besonders die Universität müsste in einen neuen Modus versetzt werden. Mit scharfer Kritik an den ökonomisierenden Reformschritten der Bologna-Phase fordert er „Humboldt II":

„[D]as unterscheidet Humboldt II von Humboldt I: An die Stelle der Schule der Nation tritt die Schule der Weltbürgerlichkeit. [...] Denn die weltinnenpolitische Agenda wagt es, die Universität zum Labor einer zweiten, postnationalen Aufklärung zu machen" (Beck 2010, S. 72).

Das Projekt der zweiten Aufklärung steht dafür, die Bedingungen künftiger Weltinnenpolitik zu bestimmen:

„Die real existierende Weltinnenpolitik hat also keine Antwort auf die ethische Mammutfrage: Sind – oder genauer: unter welchen Bedingungen sind – humanitäre Interventionen gerechtfertigt, verwerflich oder geboten? Aber sie beantwortet die Frage, warum die

Frage nach der Rechtfertigung humanitärer Interventionen weltweit auf der Agenda steht und warum sie weniger einen Lernprozess in Gang setzt als vielmehr mannigfaltige Konflikte hervorruft" (Beck 2010, S. 132).

5.2 Johan Galtung[1]

„We need a political system", schreibt Johan Galtung mit Paul Scott im Jahr 2008, „so sensitive that it can catch small signals from people in every corner of the global system and convert them into concrete ideas to be put on the agenda, and into practice. 'Global democracy' covers that. But how about 'every corner'" (Galtung und Scott 2008, S. 66). Anders als Beck geht Johan Galtung direkt auf die Umsetzung eines weltinnenpolitischen Politikkonzepts zu. Seine Vorstellung von „globaler Demokratie als einer Friedensarchitektur" (vgl. Galtung und Scott 2008, S. 66) korrespondiert implizit sehr stark mit einer Weltinnenpolitik:

> „*Weltinnenpolitik* [...] – global domestic policy, needs concretization to move from policy to politics. [...] And yet some kind of globalization is inevitable, built into new global modes created by means of transportation and communication. The basic key to global domestic politics is conflict resolution. Which means respecting legitimate interests of all parties. And they are essentially two: humans, us, and the nature on which we depend. States, nations, classes, races are constructions" (Galtung 2010, S. 1).

Dabei sei es nur eine Frage der Zeit, wann eine globale Demokratie aufgebaut sein werde. Das Weltparlament sei eine unausweichliche Konsequenz der Globalisierung. Zwar gäbe es Anzeichen

---

1 Der folgende Unterabschnitt übernimmt Gedanken aus Bartosch (2012).

einer Demokratisierung der Welt: „there is already e world court (ICJ), a world constitution in the form of human rights […] and a rudimentary world executive in the UN (Galtung und Scott 2008, S. 44), aber kein gewähltes Parlament: „a major democracy deficit" (Galtung und Scott 2008, S. 44). Jedoch sei die weitere Entwicklung absehbar:

> "World elections for a world parliament constituted as a UN People's Assembly, using each Member State as a constituency, with, say, one representative per million or part of million, is today within reach" (Galtung und Scott 2008, S. 44).

Besonders in der Schrift, „The Fall of the US Empire – And Then What?" aktualisiert und operationalisiert Galtung (2009) seine „Weltinnenpolitik". Sie wird als Außenpolitik im Wandlungsprozess zur Weltinnenpolitik gedeutet (vgl. Schmidt 2012, S. 31). Galtungs Analyse vom Verfall des amerikanischen Imperiums arbeitet konsequent auf die Skizze einer globalisierten Außenpolitik hin, die sich dann als Weltinnenpolitik zu konstituieren hat. Mit kritischem Blick auf das außenpolitische Modell des Westfälischen Friedens aus dem Jahre 1648 stellt er fest, dass heute weit mehr Akteure die Weltpolitik beeinflussen können beziehungsweise können sollten als die klassischen Staaten mit ihren Lenkern. Er kennzeichnet acht Ebenen, die wesentlich durch den Grad ihrer territorialen Bindung zu unterscheiden sind. Diese Akteurs-Ebenen sind:

- das universale UN-System multilateraler zwischenstaatlicher Beziehungen für innere Weltangelegenheiten – also eine bestehende Weltinnenpolitik;
- Super-Staaten (wie beispielsweise die ständigen Mitglieder des UN-Sicherheitsrates) beziehungsweise regionale Systeme multilateraler zwischenstaatlicher Beziehungen für innere regionale Angelegenheiten (wie die Europäische Union);

Weltinnenpolitik für den Frieden in der Welt?

- Staaten mit bilateralen zwischenstaatlichen Beziehungen innerhalb des Staatensystems;
- Substaaten, womit Völker beziehungsweise Nationen ohne eigene Staatlichkeit bezeichnet sind (weil diese innerhalb eines oder auf verschiedenen Staatsgebieten ansässig sind);
- lokale Gemeinschaften, wie zum Beispiel Städte oder Gemeinden, deren Netzwerke regional, bilateral oder global sein können;
- wirtschaftliche Unternehmungen, die als transnationale Organisationseinheiten sowohl regional, bilateral oder universal agieren;
- Nichtregierungsorganisationen mit vergleichbarer Aktionsvielfalt sowie
- die einzelnen Menschen mit ihren regionalen, bilateralen und universalen Netzwerken, die durch die Internettechnologie außerordentliche Macht gewonnen haben (vgl. Galtung 2009, S. 120).

Ohne diese Auflistung nun im Detail zu besprechen, wird doch unmittelbar einsichtig, dass diese Akteursebenen eine große Vielfalt der Weltpolitik erzeugen und innenpolitische Strukturen im globalen Maßstab schaffen können. Besonders für die Substaaten, also die Nationen ohne Staat, sieht Johan Galtung vielfache Chancen ihrer Aufwertung innerhalb eines reformierten UN-Systems. Von ihnen und den anderen Ebenen unterhalb des Staates könnte eine friedensstiftende Wirkung ausgehen, waren diese traditionell nicht mit dem Recht zur Kriegserklärung verbunden:

> "To the contrary, the sub-states could operate much better in the world when liberated from military ambitions. [...] The sub-states could bring in a New Beginning, and more easily so the less they are born and steeped in tradition of violence" (Galtung 2009, S. 126).

An späterer Stelle spricht Galtung von Staaten, die alle staatlichen Aufgaben erfüllen, aber keine Kriege führen können und damit auf zivile Konfliktlösungen angewiesen sind. Als Beispiele zählen für ihn der Vatikan oder Einheiten wie „Hongkong (Komma) China". Bezüglich des letztgenannten Beispiels führt Galtung (2009, S. 127) aus:

> "[A]t this point there may be something to learn from the new name for Hong Kong: Hong Kong (comma) China. For Beijing, that probably spells belongingness, being a part of. For Hong Kong people, it spells a location, e.g. for mailing purposes. Both get what they want."

Mit dieser Bezüglichkeit (Komma China) seien Zugehörigkeit und Selbständigkeit gleichermaßen ausgedrückt (vgl. Galtung 2009, S. 127). Für Hajo Schmidt zeigt sich im strukturellen Entwurf von Galtung, der die *Politics*-Dimension von Weltinnenpolitik beschreibt, eine „entschiedene Absage an kurrente Versuche, Weltinnenpolitik als originäre Leistung eines (Welt-)Einheitsstaates zu begreifen". Das bedeutet für ihn:

> „Weltinnenpolitik beruht nicht auf einem in seiner Maß- und Grenzenlosigkeit furchterregenden gobal-punktuellen Gewaltmonopol, sondern bleibt, durch Machtdezentralisierung und -diffundierung durchgehend demokratisch rückgekoppelt und durchgestaltet" (Schmidt 2012, S. 34).

Für Galtung ist das bislang überzeugendste Modell für eine demokratisch angelegte, global organisierte und sozial gerechte Weltpolitik – und damit Weltinnenpolitik – die Europäische Union:

> "The world state system model is most likely to be the EU, with its shortcomings and achievements. A major achievement is peace among its members so far. To major shortcomings are the threat of

collision with outsiders, particularly with unions of states like itself, and the famous democracy deficit" (Galtung und Scott 2008, S. 77).

Damit lässt sich die Brücke zum dritten Weltinnenpolitiker schlagen, der hier vorgestellt werden soll.

5.3 Jürgen Habermas

Jürgen Habermas (2011, S. 104) schreibt, ihm sei in den 1990er Jahren einsichtig geworden, „dass die politischen Handlungskapazitäten den Märkten auf supranationaler Ebene nachwachsen müssen". So sei der wirtschaftlichen Globalisierung keine entsprechende politische Struktur der internationalen Beziehungen gefolgt. Es sei jedoch notwendig, Markt und Politik immer neu auszubalancieren, um das „Netz solidarischer Beziehungen" intakt zu halten. Weil „Markt und Politik auf gegensätzlichen Prinzipien beruhen", bräuchte es eine angemessene „Erweiterung von politischen Verfahren der Interessensverallgemeinerung" (Habermas 2011, S. 104f.). Dabei favorisiert Habermas eine Fortentwicklung der Vereinten Nationen „als eine politisch verfasste Gemeinschaft von Staaten *und* Bürgern", die sich „gleichzeitig auf die Kernfunktionen der Friedenssicherung und der globalen Durchsetzung der Menschenrechte beschränkt" (Habermas 2011, S. 85).

Diese Vereinten Nationen müssten aber durch Ergänzung eines „in die Weltgemeinschaft normativ eingebundenen Verhandlungssystems" zu einer „politisch verfassten Weltgesellschaft" (Habermas 2011, S. 85) ausgebaut werden. Habermas orientiert sich in seiner Skizze einer welt(innen)politischen Ordnung am „beispiellosen Gebilde der EU":

„Ja, diese politische Weltordnung ließe sich ihrerseits als eine Fortsetzung der demokratischen Verrechtlichung des substantiellen Kerns staatlicher Gewalt begreifen. *Denn auf der globalen Stufe würde sich die Konstellation der drei Grundbausteine von demokratischen Gemeinwesen noch einmal ändern*" (Habermas 2011, S. 85f.).

Habermas schwebt eine Weltbürgergemeinschaft vor, die nicht als Weltrepublik gedacht werden sollte. Er spricht von einer „überstaatlichen Assoziation von Bürgern und Staatsvölkern", in der die Staaten das Gewaltmonopol behalten. Nationalstaaten und Weltbürger agieren gleichermaßen als verfassunggebende Subjekte der Weltgemeinschaft. Im Weltparlament würden so Staatsbürger und Weltbürger gleichermaßen verhandeln. Bestehende Unterschiede der innenpolitischen Standards würden so akzeptiert:

> „Die Konkurrenz dieser beiden Perspektiven bezieht ihre Berechtigung aus einem historischem Entwicklungsgefälle, von dem die Weltinnenpolitik, auch wenn es sukzessive überwunden werden soll, nicht einfach abstrahieren darf" (Habermas 2011, S. 87).

Im Grunde wäre dem Weltparlament die Entwicklung der normativen Standards für transnationale Politik auferlegt und die globale Durchsetzung des Gewaltverbots und der Menschenrechte zuerkannt. Das humanitäre Völkerrecht wäre zu einem „an militärische Notwendigkeiten angepassten *Polizeirecht*" fortzuentwickeln (Habermas 2011, S.. 87). Es würde auf der Basis „*präsumtiv geteilter* moralischer Grundsätze und Normen" demokratisch tätig werden können (Habermas 2011, S. 92). Die verteilungsrelevanten Fragen der Weltinnenpolitik wären schwieriger demokratisch zu legitimieren. Die transnational auszuhandelnde Weltinnenpolitik würde von den *Global Players* vollzogen. Eine direkte Beteiligung der Weltbürgerinnen und Weltbürger wäre nicht vorgesehen, aber auch die Fortschreibung internationaler Politik auf der Basis traditionellen Völkerrechts würde beendet:

Weltinnenpolitik für den Frieden in der Welt?

„Denn der Witz des vorgeschlagenen Designs besteht ja darin, dass sich der politische Prozess jenseits der Staaten und der Staatenunionen auf zwei verschiedene Politikfelder verteilen und in entsprechende Legitimationszüge verzweigen soll. Demnach fallen die Aufgaben der globalen Sicherheits- und Menschenrechtspolitik in die Kompetenz einer Weltorganisation [...]. Aus diesem hierarchisch aufgebauten Kompetenzgefüge fallen die verteilungsrelevanten Aufgaben der Weltinnenpolitik heraus; sie werden in ein transnationales Verhandlungssystem abgezweigt, [...] damit aber keineswegs ausschließlich dem Spiel der internationalen Machtdynamik überlassen" (Habermas 2011, S. 94).

Es bleiben Lücken der Legitimation, die sich einstweilen aber nicht schließen lassen, da die Existenz globaler „einheitlicher Lebensverhältnisse" aktuell nicht vorausgesetzt werden könne. Hier müsse die Weltinnenpolitik auf das politische Ziel weltweiter sozialer Gerechtigkeit ausgerichtet werden. Die Weltorganisation müsse die zeitliche Dimension einbeziehen und „die Weltinnenpolitik auf die mittelfristige Herstellung einer sozial gerechten Weltordnung" verpflichten (Habermas 2011, S. 95). Für Habermas ist sein Verfassungsentwurf für Europa sowohl Schritt auf dem Weg als auch der Beleg für die Möglichkeit einer Weltinnenpolitik. Was für die europäische Fortentwicklung als Möglichkeit ansteht, ist zugleich von hoher Verpflichtung, um die historische Verantwortung, zur friedlichen Weltpolitik beizutragen und eine Weltinnenpolitik voranzubringen, nicht zu versäumen. Es geht um die Legitimation einer demokratischen, rechtsstaatlich verfassten Politik, die auf der Basis von kommunikativer deliberativer Prozesse das transnationale Gemeinwohl und die nationale kulturelle Interessensdifferenz in einen praktikablen Einklang bringt:

„Auf europäischer Ebene soll der Bürger gleichzeitig und gleichgewichtig sowohl als Unionsbürger wie auch als Angehöriger eines Staatsvolkes sein Urteil bilden und politisch entscheiden können.

Jede Bürgerin nimmt an den europäischen Meinungs- und Willensbildungsprozessen sowohl als die *einzelne* autonom ‚ja' und ‚nein' sagende Europäerin wie als *Angehörige* einer bestimmten Nation teil" (Habermas 2011, S. 69).

6 Policy, Politics und Polity einer Weltinnenpolitik

Ulrich Beck, Johan Galtung und Jürgen Habermas – drei ausgewählte Vertreter für weltinnenpolitische Entwürfe – ermöglichen uns, verschiedene Aspekte der semantischen Spannweite des Begriffes auszuweisen. Sein Erfinder „umreißt ‚Weltinnenpolitik' eher grob, als dass er sie systematisch entfaltet" – so Sabine Jaberg (2012, S. 116). Dennoch hilft der Begriff der Weltinnenpolitik, die vorgestellten Gedanken sowohl begrifflich zu entfalten als auch inhaltlich zu verbinden. Während Ulrich Beck auf die realen politischen Aufgaben und nötigen Problemlösungen verweist und somit die *Policy*-Dimension eines zeitgemäßen Politikbegriffs erörtert, wendet sich Johan Galtung im Schwerpunkt der Prozessgestaltung und Konfliktregelung zu. Er betont explizit, dass es um *Politics* gehen müsse, um einer Weltinnenpolitik gerecht werden zu können. Jürgen Habermas schließlich konzentriert sich stark auf den verfassungsmäßigen Rahmen einer verrechtlichten globalen politischen Ordnung, die Weltinnenpolitik betreiben kann und somit auf *Polity*. Allen ist eine friedenspolitische Verpflichtung ihrer politischen Entwürfe und Reflexionen selbstverständlich. Alle drei sehen in der europäischen Ordnung einen wichtigen Grundstein und Hoffnungsanlass für eine globale gerechte und friedliche Weltordnung. Eingangs wurde behauptet, dass die aktuellen Entwicklungen in Europa diese Hoffnungen nicht mehr rechtfertigen würden. Dann wäre wohl tatsächlich ein Nachruf auf Weltinnenpolitik nötig, denn alternative Hoffnungsträger sind nicht Sicht – oder doch?

Es ist eben eine Stärke des Begriffs Weltinnenpolitik, dass er die Dimensionen des Politikbegriffs mit einer analytischen wie normativen Blickrichtung einzufangen vermag. Unter friedenstheoretischen Vorzeichen ist das bedeutsam. Er verweist auf eine realistische Sicht auf die Welt wie sie ist und entwickelt aus der Analyse der realen Gefährdungen die normative Ausrichtung auf eine Gefahrenabwehr. Dass diese nicht zwingend undemokratisch und im Sinne eines Weltstaates gedacht werden muss, verdeutlichen die vorgestellten Überlegungen. Es lohnt sich, weiterhin über Weltinnenpolitik nachzudenken, wenn es um den Frieden in der Welt gehen soll. Vielleicht stellt sich dieser Frieden dann doch immer wieder als weltinnenpolitisches Projekt heraus.

In der Dimension der *Policy* von Weltinnenpolitik bewegen sich in jüngster Zeit der „Neue Bericht des Club of Rome: ‚Come on'" (E. U. von Weizsäcker et. al. 2017) und die Enzyklika Laudato si' von Papst Franziskus (2015)[2]. Sie entfalten die analytische und normative Perspektive auf die eine Welt. Durch die Interdependenz aller Prozesse, die von menschlichem Handeln ausgelöst werden, ist ein Zusammenbruch der menschlichen Lebensbedingungen vorprogrammiert. Eine Gegensteuerung ist zwingend erforderlich. „Wir brauchen eine neue Aufklärung", postuliert der Club of Rome. „Die neue Aufklärung, die Aufklärung 2.0", wird nicht europazentriert sein. Sie muss sich auch an den großartigen Traditionen anderer Zivilisationen orientieren" (E. U. von Weizsäcker et. al. 2017, S. 181). Der Club of Rome öffnet damit den wissenschaftlichen Diskurs für einen Austausch zum Beispiel mit spiritueller Weisheit.

---

2   Die nachfolgende Zitierweise nennt in der für Enzykliken üblichen Form die über alle Ausgaben identischen Abschnittsnummern mit dem Siegel LS.

Vice versa sieht Papst Franziskus die Religionen zum Dialog mit der Wissenschaft aufgerufen und zum Gespräch untereinander:

> „Der größte Teil der Bewohner des Planeten bezeichnet sich als Glaubende, und das müsste die Religionen veranlassen, einen Dialog miteinander aufzunehmen, der auf die Schonung der Natur, die Verteidigung der Armen und den Aufbau eines Netzes der gegenseitigen Achtung und der Geschwisterlichkeit ausgerichtet ist." (LS 201)[3]

Die Prozessgestaltung wird auch thematisiert, bleibt vor allem in der Enzyklika etwas vager in der Ausführung. (LS 163–201) Der Club of Rome widmet einen Abschnitt der Diskussion „weltweiter Regeln". (E. U. v. Weizsäcker et. al. 2017, S.348-358)

Hingegen ist das Hauptgutachten des Wissenschaftlichen Beirats der Bundesregierung für Globale Umweltveränderungen (WBGU) „Welt im Wandel" explizit ein Dokument der *Politics*-Dimension von Weltinnenpolitik. In detaillierter Analyse werden Konzepte der *Governance* erarbeitet, die als Gegenmaßnahme zur Klimazerstörung wirksam werden können und müssen:

> „Die Transformation ist machbar. Die Transformation zur klimaverträglichen Weltgesellschaft gleicht im Ausmaß einer neuen industriellen Revolution im Zeitraffer und stellt insbesondere auch deswegen eine in der Menschheitsgeschichte noch nie dagewesene Herausforderung dar, weil sie forschungs- und wissensbasiert

---

3 An dieser Stelle kann auf die Vorläufer dieser jetzt päpstlichen Position nur verwiesen werden. Sie hatten in den 1980er Jahren unter dem Motto „Frieden, Gerechtigkeit und Bewahrung der Schöpfung" einen globalen Konziliaren Prozess angestrebt. Zur Rolle der Religionen im weltinnenpolitischen Rahmen muss hier die fundierte Analyse von Konrad Raiser (2010) zumindest genannt werden. Sie ergänzt in überzeugender Weise den Ansatz von Jürgen Habermas.

gestaltet werden und unter hohem Zeitdruck ablaufen muss" (WBGU 2011, S. 30).

Der WBGU dekliniert die nötigen politischen Maßnahmen in die unterschiedlichen Politikbereiche hinein. Er reklamiert eine neue Staatlichkeit im Mehrebenensystem unter dem „Leitbild des gestaltenden Staates mit erweiterter Partizipation" (WBGU 2011, S. 215ff.). Für die internationale Ebene werden drei vordringliche Transformationsfelder ausgemacht:

> „Für die Transformation in den betrachteten Transformationsfeldern Energie, Urbanisierung und Landnutzung ist eine Gestaltung des Prozesses im Mehrebenensystem notwendig. Bisher erfolgt die politische Gestaltung bestenfalls auf der nationalen und lokalen Ebene. Was fehlt, ist die notwendige politische Aufmerksamkeit auf internationaler Ebene. […] Für alle drei Transformationsfelder ist erkennbar, dass sowohl die notwendigen Technologien und Techniken als auch die politischen Instrumente bekannt sind, es aber für die identifizierten drei grundlegenden Infrastrukturen der klimaverträglichen Weltwirtschaft eines internationalen Abstimmungsprozesses bedarf" (WBGU 2011, S. 242).

Ein „leidenschaftliches Plädoyer" (Leinen und Bummel 2017, S. 2) für ein demokratisches Weltparlament haben Jo Leinen und Andreas Bummel vorgelegt. Sie entwickeln ein zukunftsfähiges Design zur „Verwirklichung einer Weltdemokratie" (Leinen und Bummel 2017, S. 367ff.). Ihre *Polity*-Dimension wird umfassend und wohlbegründet ausgearbeitet. Sie entwerfen eine Weltlegislative mit zwei Kammern sowie ein Weltverfassungsgericht, das auf der Grundlage eines Weltrechts wirksam werden soll. Zudem widmen sie sich in einem Kapitel ihrem Buches der „Bedrohung durch Nuklearwaffen" (Leinen und Bummel 2017, S. 195ff.), deren Aktualität nicht bestritten wird. Allerdings verbleiben die Vorschläge zur nuklearen und konventionellen Abrüstung eher auf einem affirmativen Niveau. Sie identifizieren „vier Säulen einer Weltfriedensordnung": weltweite Rüstungskontrolle, demokratische globale Institutionen, die einen gerechten Interessenausgleich ermöglichen und verbindliches Recht setzen können, obligatorische internationale Gerichte zur friedlichen Konfliktlösung und supranationale Gewalt über polizeiliche und militärische Durchsetzungsmittel (vgl. Leinen und Bummel 2017, S. 208). Ein kosmopolitisches Parlament würde diese Säulen entwickeln und stärken helfen.

Bei genauer Betrachtung aller genannten Ansätze wird – so das Fazit – schnell deutlich, dass sie jeweils für sich alle drei Politikdimensionen berühren, wenngleich sie dies mit unterschiedlicher Schwerpunktsetzung tun. Und alle drei aktuellen Ausführungen zu den Dimensionen einer Weltinnenpolitik können sich auf eine bereits verbreitete Veränderung der Weltwahrnehmung in der Weltbevölkerung stützen. So konstatieren Leinen und Bummel (2017, S. 366):

„Die neue globale Aufklärung muss nicht proklamiert werden. Mit der voranschreitenden kognitiven und moralischen Entwicklung des Menschen und mit der zunehmenden Verbreitung eines planetarischen Bewusstseins findet sie bereits statt. Ein großer Anteil der Bevölkerung hat begriffen, dass die Menschheit für die Handlungen des Menschen als Spezies Verantwortung übernehmen muss, damit das Leben auf der Erde und die Menschheit selbst eine Zukunft hat."

7 Bewusstseinswandel und Weltaußenpolitik

Was begründet aber die Hoffnung, dass die Veränderung von den großen Prozessen der Weltpolitik bis hin zum kleinen Handlungsspielraum der einzelnen Menschen rechtzeitig realisiert wird? Wie

Weltinnenpolitik für den Frieden in der Welt?

gelingt der Schwenk von einem politischen Katastrophenkurs hin zu einer im normativen Sinne gewünschten und richtigen Weltinnenpolitik? Es ist bemerkenswert, dass alle älteren und neuen Ansätze mit der vernünftigen Einsicht der Menschen operieren. Hinzu kommt das Argument der Alternativlosigkeit: Ohne Umkehr keine Rettung! Dies ist eine fast theologisch anmutende Forderung, die ein existenzielles Fundament für politische Entscheidungen in Anschlag bringt. Es wurde eingangs darauf hingewiesen, dass Weltinnenpolitik eine nahezu automatische Verknüpfung mit dieser existenziellen Bedeutung des politischen Handelns aufweist. Es geht ums Ganze, die auch eine ganzheitlich formierte Änderung erfordert. Der abschließende Satz von Leinen und Bummel drückt diese nahezu kantianische, transzendentalphilosophische Schlussfolgerung markant aus:

> „Endlich wird die Menschheit ihre Kreativität und Energie voll entfalten können und zwar auf produktive Weise zum Wohle aller und des Lebens auf der Erde. Dieser Traum *kann* Wirklichkeit werden. Er *muss* Wirklichkeit werden, wenn die Menschheit eine Zukunft haben soll" (Leinen und Bummel 2017, S. 400).

Ähnlich hatte auch Carl Friedrich von Weizsäcker argumentiert, als er das Wort Weltinnenpolitik in die politische Debatte eingebracht und damit vielleicht doch mehr als nur eine pfiffige Wortschöpfung vollzogen hat. Sein Motiv wurde aus der fundamentalen nuklearen Gefährdung geschöpft. Eigentlich war die Abschaffung des Krieges eine alte Utopie, die als irreal einzuschätzen war. Nun, mit der Gefahr eines Atomkrieges, rückte sie in die Position der einzig möglichen, realistischen Option. Diese Einsicht birgt ein Dilemma: Eine friedliche Welt, so wünschbar sie auch ist, hat es nie gegeben und wird es wohl auch nicht geben. Aber eine unfriedliche Welt dürfe es auch nicht geben, führe sie schließlich in einem letzten atomaren Vernichtungskrieg. Deshalb müsse das bisher Unmögliche als das zukünftig Tatsächliche hergestellt werden. Das Überleben der Menschheit sei – so Weizsäcker – vom friedlichen Zusammenleben abhängig – eine eigentlich nicht zu bewältigende Aufgabe.

Alle Überlegungen verdichten sich dann 1963 in der Formel „Welt-Innenpolitik". Sie deutet auf eine realistische Sicht der realen Welt und die notwendigen Forderungen für eine realistische Zukunft, die stets als „Wege in der Gefahr" gedacht werden mussten. Weizsäcker hatte sich von jeglicher Idee eines „ewigen Friedens" verabschiedet und beschränkte sich auf die für ihn einzige realistische Option: eine andauernde atomare Gefährdung der Welt, die permanent durch politisches und vernünftiges militärisches Bemühen ausbalanciert werden muss. Mit einem Bewusstseinswandel der Menschheit, die sich von der Option des Krieges verabschiedet, würde ein dauerhafter, politisch gesicherter Weltfriede machbar. Also: Eine Auflösung des Problems ist nicht denkbar, wohl aber ist eine Form adäquaten Managements des Problems machbar. Nötig ist demnach eine dauerhafte Entwicklung der friedlichen Welt.

In seiner Friedenspreisrede formuliert Carl Friedrich von Weizsäcker (1963, S. 8):

> „Der Weltfriede ist notwendig, denn die Welt der vorhersehbaren Zukunft ist eine wissenschaftlich-technische Welt. Der Weltfriede ist nicht das goldene Zeitalter, sondern sein Herannahen drückt sich in der allmählichen Verwandlung der bisherigen Außenpolitik in Welt-Innenpolitik aus. Der Weltfriede verlangt von uns eine außerordentliche moralische Anstrengung, denn wir müssen überhaupt eine Ethik des Lebens in der technischen Welt entwickeln."

In diesen Sätzen, die in der Rede mehrfach erweitert und vertiefend erläutert werden, wird deutlich, dass von einem Management dauerhafter Gefahr und einer moralischen Weiterentwicklung gesprochen wird. Bei genauerer Analyse ergibt sich ein Geflecht von gedachten gegenseitigen Abhängigkeiten (den „Bedingungen des Friedens") zukünftiger politischer Entwicklung, die stets prekär bleibt und auch rückschrittlich sein kann. In späteren Texten spricht Weizsäcker von „unvollständiger", „aktiver" und „vollständiger" Weltinnenpolitik, wodurch der prozessuale Charakter differenzierter zur Geltung kommt. Selbstreflektierend stellt er fest:

> „Also […] ich habe damals den Begriff Weltinnenpolitik zunächst deskriptiv, beschreibend eingeführt, nicht fordernd. Ich habe gesagt, wenn man sich mal ansieht, wie heute das Verhältnis der Nationen oder der Imperien […] zueinander ist, dann erkennt man, dass diese offensichtlich genötigt sind, ihre Differenzen innenpolitisch zu formulieren, weil man ihnen ihre außenpolitischen Motive nicht mehr gern abnimmt" (Weizsäcker 1995, S. 441).

Carl Friedrich von Weizsäcker setzte seine Hoffnungen auf die Möglichkeit des Bewusstseinswandels durch umfassende Vernunft und den Faktor Zeit, die mit Verstand gewonnen wird. Eine kluge Politik der Kriegsverhütung sollte die Gnadenfrist erwirken, in der die politische Friedenssicherung aufgebaut werden könnte. Die empathische Fähigkeit der Menschen, fremdes Leid zu spüren, war für ihn der Schlüssel für den nötigen Bewusstseinswandel. Dabei sollte es eben auch möglich sein, das Leid der Zukünftigen im Hier und Jetzt mitzufühlen, um die Verhinderung künftigen Leidens bereits heute zu wollen und politisch zu verfolgen. Die plötzliche und nahezu vollständige Vernichtung der lebenswerten Welt durch einen jederzeit möglichen Atomkrieg müsste – so Weizsäcker – als Signal stark genug sein, diese Einsicht zu erwirken. Es ist bedenkenswert, dass die atomare Gefährdung heute keine Rolle mehr im öffentlichen Bewusstsein zu spielen scheint. Sowohl der wissenschaftlichen *Community* als auch der allgemeinen Öffentlichkeit ist die Wahrnehmung eines drohenden atomaren Holocaust fremd geworden. Heute stehen eher der Klimawandel und andere grundsätzliche Gefährdungen (zum Beispiel durch *Diversity*-Verlust) im Fokus. Dabei ist die atomare Bedrohung in keiner Weise abgewendet. Es ist auch zu fragen, ob die schleichende Katastrophe der Klimazerstörung tatsächlich als gemeinsamer Untergang erlebt wird, bleibt es schließlich eine Entwicklung mit vermeintlichen Gewinnern und Verlierern.

Allerdings – und dies führt zurück zum eingangs angesprochenen Innen- versus Außenproblem – verbindet alle Gefahrenszenarien, dass sie irreversible Folgen für die Zukunft anzeigen, die schon heute in der Gegenwart verursacht werden. Weltinnenpolitik ist gewissermaßen definitorisch mit diesen zukünftigen Problemstellungen befasst. Wenn – wie in den aufgezeigten Ansätzen – kein Außen mehr für jetzt zu bestimmen ist, dann bleibt doch die Tatsache, dass die Zukünftigen jetzt nicht innen dazugehören. Es könnte daher ein wichtiges Pendant zu unserer Vorstellung von Weltinnenpolitik bedeuten, den Zukünftigen die Souveränität für ihr staatliches und kosmopolitisches Handeln zuzugestehen. Weltaußenpolitik würde dann den Ausgleich der Interessensgegensätze zwischen den gegenwärtigen und den zukünftigen Generationen besorgen müssen. Das kann freilich nur in einer repräsentativen Versammlung geschehen, deren advokatorischer Auftrag durch die Verantwortung und Sorge für die Nachkommen legitimiert ist. In den vorgestellten Ansätzen ist dieser Gedanke nur in Laudato si vorzufinden. Eine pragmatische und beispielhafte Operationalisierung stellt aber der *World Future Council* dar, der sich zum Beispiel mit dem Konzept „Verbrechen gegen zukünftige Generationen" befasst (www.worldfuturecouncil.org).

Naturgemäß stellt sich für die Auseinandersetzung mit den ungeborenen Generationen der Zukunft die Frage des Gewaltmonopols nicht. Diese Interessenskonflikte müssen mit *friedlicher Weltaußenpolitik* gelöst werden. Aber es ist schon ein Gedankenspiel mit schauerlichem Charme, eine Zukunftsvertretung mit Waffengewalt auszustatten, um die sichtliche Existenzbedrohung der Nachkommenden gegen die Gegenwärtigen abwenden zu können. Atomwaffen kämen wohl kaum zum Einsatz, aber es ginge wohl in jedem Fall um Leben und Tod.

Literatur

Bartosch, Ulrich. 1995. *Weltinnenpolitik. Zur Theorie des Friedens von Carl Friedrich von Weizsäcker.* Berlin: Duncker & Humboldt.

Bartosch, Ulrich. 2012. „Der bedrohte Frieden heute" – Weltinnenpolitik als Brückenschlag zwischen Carl Friedrich von Weizsäcker und Johan Galtung. In *Friedensforschung und Weltinnenpolitik im 21. Jahrhundert. Grundlagen, Probleme, Perspektiven*, hrsg. von Uwe Trittmann, 11–28. Schwerte-Villigst: Institut für Kirche und Gesellschaft.

Beck, Ulrich. 1993. *Die Erfindung des Politischen.* Frankfurt am Main: Suhrkamp Verlag.

Beck, Ulrich. 2010. *Nachrichten aus der Weltinnenpolitik.* Frankfurt a. M.: Suhrkamp Verlag.

Galtung, Johan. 2009. *The Fall of the US Empire – and then what? Successors, Regionalization or Globalization? US Fascism or US Blossoming?* o. O.: Kolofon Press.

Galtung, Johan. 2010. Global Domestic Policy – And WikiLeaks. https://www.transcend.org/tms/2010/12/global-domestic-policy-and-wikileaks/. Zugegriffen: 17. April 2019.

Galtung, Johan und Paul D. Scott. 2008. *Democracy, Peace, Development.* o. O.: Kolofon Press.

Habermas, Jürgen. 2011. *Zur Verfassung Europas. Ein Essay.* Berlin: Suhrkamp Verlag.

Jaberg, Sabine. 2012. Weltinnenpolitik im Lichte von Johan Galtungs Friedenstheorie. In *Friedensforschung und Weltinnenpolitik im 21. Jahrhundert. Grundlagen, Probleme, Perspektiven*, hrsg. von Uwe Trittmann, 115–131. Schwerte-Villigst: Institut für Kirche und Gesellschaft.

Leinen, Jo und Andreas Bummel. 2017. *Das demokratische Weltparlament. Eine kosmopolitische Vision*. Bonn: Verlag H. J. W. Dietz Nachf.
Papst Franziskus. 2015. *Laudato si'. Über die Sorge für das gemeinsame Haus. Die Umwelt-Enzyklika mit Einführung und Themenschlüssel*. Stuttgart: Verlag Katholisches Bibelwerk.
Raiser, Konrad. 2010. *Religion, Macht, Politik. Auf der Suche nach einer zukunftsfähigen Weltordnung*. Frankfurt a. M.: Verlag Otto Lembeck.
Schmidt, Hajo. 2012. Weltinnenpolitik – Gedanken zu Politik und Wissenschaft, Ökonomie und Menschenrecht im Werk Johan Galtungs. In *Friedensforschung und Weltinnenpolitik im 21. Jahrhundert. Grundlagen, Probleme, Perspektiven*, hrsg. von Uwe Trittmann, 29–45. Schwerte-Villigst: Institut für Kirche und Gesellschaft.
Weizsäcker, Carl Friedrich. 1963. *Bedingungen des Friedens*. Göttingen: Vandenhoek & Ruprecht.
Weizsäcker, Carl Friedrich. 1995. „Genau im jetzigen Augenblick aber finde ich die Sache ein bißchen prärevolutionär …". In *Weltinnenpolitik. Zur Theorie des Friedens von Carl Friedrich von Weizsäcker*, hrsg. von Ulrich Bartosch, 441–448. Berlin: Duncker & Humboldt.
Weizsäcker, Ernst Ulrich von und Anders Wijkman zusammen mit 32 weiteren Mitgliedern des Clubs of Rome. 2017. *Wir sind dran. Was wir ändern müssen, wenn wir bleiben wollen. Eine neue Aufklärung für eine volle Welt*. Gütersloh: Gütersloher Verlagshaus.
Wissenschaftlicher Beirat der Bundesregierung für Globale Umweltveränderungen (WBGU). 2011. *Welt im Wandel. Gesellschaftsvertrag für eine Große Transformation. Hauptgutachten*. Berlin: WBGU.

Friedensethische Herausforderungen im Umgang mit autoritären Regimen

Rainer Tetzlaff

1 Einleitung

Autoritäre Politikregime sind zurzeit auf dem Vormarsch – und das weltweit. Diesen Trend dokumentiert das US-amerikanische *Freedom House* seit ca. zehn Jahren. Offensichtlich ist der „dritten Welle der Demokratisierung" (Huntington 1991) eine Gegenwelle der Ent-Demokratisierung gefolgt, die Samuel Huntington zwar prognostizierte, nicht aber befriedigend erklären konnte. Unter „Demokratie" – ein Schlüsselbegriff der Sozialwissenschaften mit zahlreichen theoretischen Begründungen (vgl. Dahl 1989; Höffe 1999; Massing et al. 2017; Rosanvallon 2017) – wird hier die liberale Demokratie westlicher Prägung als ein politisch-soziales System verstanden, in dem Wettbewerb um Macht und Streit über Ideen zugelassen, ja erwünscht ist, allerdings nach verfassten Regeln der Fairness und des Respekts vor Unterschieden (vgl. Dahl 1989; Höffe 1999; Tetzlaff 2011; 2016, S. 29ff.).

Auch ein Forschungsteam des Berliner Wissenschaftszentrums unter Leitung von Wolfgang Merkel konstatierte jüngst, dass aktuelle Entwicklungen in China, Vietnam, Singapur und

Russland ebenso wie in Iran, Algerien, Äthiopien, Ruanda oder Venezuela darauf hindeuteten, dass „der Wettlauf der Systeme [von liberaler Demokratie und demokratischem Zentralismus, sprich Diktatur, Anm. des Verf.] nie endgültig gewonnen wurde". Damit war nicht nur deren „schieres Überleben" gemeint, sondern vor allem „die wachsende Strahlkraft für die wirtschaftliche Prosperität und die politische Ordnungsleistung dieser Systeme im regionalen Kontext" (Merkel und Gerschewski 2011, S. 21). – Ich muss gestehen, dass auch ich mich hinsichtlich der abnehmenden Differenzen zwischen den politischen Systemen geirrt habe: Noch vor einigen Jahren argumentierte ich, dass sich die vornehmlich im Westen entwickelten zivilisatorischen Errungenschaften (wie Rechtsstaatlichkeit, Gewaltenteilung, Wahlrecht, Pressefreiheit, Frauenemanzipation, individuelle Menschenrechte etc.) im Zuge der Globalisierung raumgreifend ausweiten würden – und zwar nicht mittels Zwangs, sondern auf „missionsunbedürftige" Weise, das heißt auf der Grundlage der Selbsterfahrung einer inhärenten Steigerung der Lebensqualität durch freiwillige Einverleibung der *best practices* anderer Völker (vgl. Tetzlaff 2000; 2006, S. 96f.; vgl. auch Inglehart und Welzel 2008). In der bei Solidaritätsgruppen weit verbreiteten *One-Word*-Rhetorik galt es lange Zeit als ausgemacht, dass sich religiöse wie politische und soziokulturelle Differenzen soweit minimieren ließen, dass ein weltgesellschaftliches Miteinander (via *Global Governance*) möglich wäre (vgl. Tetzlaff 2006, S. 82ff.).

Der Sturz einiger nordafrikanischer Diktatoren während des Arabischen Frühlings im Jahr 2011 schien dieser kosmopolitischen Illusion zunächst weitere Nahrung zu geben. Heute würde man sich den Vorwurf der Realitätsverweigerung aussetzen, wenn an dieser fortschrittsgläubigen Weltsicht unerschütterlich festgehalten würde. Dagegen spricht die oftmals schwer begreifliche, jedoch empirisch nachweisbare zunehmende Attraktivität autoritärer

Herrschaftsmodelle, die scheinbar Patentrezepte für die Lösung gesellschaftlicher und wirtschaftlicher Herausforderungen anzubieten in der Lage seien. Zurzeit räsonieren Intellektuelle in aller Welt über die „große Regression" der liberalen Demokratien (Geiselberger 2017), den „Niedergang der liberalen Eliten" (Illouz 2017), die „freiwillige Kapitulation" im Westen „vor den Feinden der Freiheit" (Welzer 2016, S. 12) sowie die „Entzivilisierung" in den USA (unter Präsident Donald Trump) und anderer westlicher Gesellschaften (Nachtwey 2017). Der bulgarische Sozialwissenschaftler Ivan Krastev (2017, S. 117ff.) fragte besorgt, ob wir „auf dem Weg in die Mehrheitsdiktatur" seien, und Osteuropa-Experten wie Manfred Sapper und Volker Weichsel (2018) diskutieren die Verwandlung von EU-Mitgliedsstaaten in „illiberale Demokratien" (Polen) beziehungsweise „liberale Autokratien" (Ungarn).

Die Analyse dieser notwendig werdenden Neujustierung der friedensethischen Erwartungen in der Welt – vor allem in den fragilen Modernisierungsgesellschaften der außereuropäischen Welt – soll im Folgenden in drei Schritten erfolgen: Nach einer Skizzierung der Ursachen des Verblassens der Demokratie als normative Leitidee für politische Entscheidungsfindung (Teil 1) wird im zweiten Teil ein Panorama der sieben autoritären Herrschaftsformen der Gegenwart entfaltet, um auf deren Grundlage und im Zuge zunehmender Konkretion an einem aktuellen Beispiel autoritärer Herrschaft – Äthiopien seit 1991 – zu prüfen, ob unter bestimmten gesellschaftlichen und kulturellen Umständen autoritäres Regieren als friedensförderlich gerechtfertigt werden könne.

Dabei soll unter friedensförderlich ein Herrschafts- und Gesellschaftssystem verstanden werden, das durch abnehmende Gewalt und zunehmende soziale Gerechtigkeit zwischen den Gruppen als Folge pragmatischen Interessenausgleichs gekennzeichnet ist. Die Ermöglichung sozialer Gerechtigkeit ist nicht zuletzt auch eine Resultante gemeinverträglichen wirtschaftlichen Wachstums, auf die schon früh der Soziologe Dieter Claessens hingewiesen hat. Die Umlenkung des politischen Machtkampfes „um jeden Preis" in geregelte und in ihrem formalem Charakter anerkannte Bahnen könne „nur auf der Grundlage des Wohlstandes relativ Vieler" gelingen (Claessens 1992, S. 181). Erst dieser Veränderungsprozess ermögliche eine friedliche Verfolgung legitimer wirtschaftlicher und sozialer Eigeninteressen, so sei eine permanente Angst vor materieller Unsicherheit und Verarmung mit einer demokratietauglichen Zivilkultur nur schwer vereinbar (vgl. Schreyer 2018). Angewandt auf die aktuellen Bedingungen im Zeitalter der Globalisierung bedeutet diese Erkenntnis, dass die Ermöglichungsbedingungen von Frieden und Gerechtigkeit im nationalen Rahmen nicht zuletzt auch als von internationalen Wirtschafts- und Finanzprozessen abhängig zu denken sind (vgl. Inglehart und Welzel 2008). Und in dieser Hinsicht fällt ein globaler Schatten auf friedensförderliche nationale Anstrengungen – der Schatten einer insgesamt überwiegend ruinösen Interventionspolitik der Industriestaaten (vgl. Lüders 2015).

2 Ansätze zur Erklärung des gegenwärtigen Verblassens des Demokratieideals

Der gegenwärtige Trend zu attraktiven autoritären Regimen kann als das vorläufige Ergebnis von mindestens drei miteinander verwobenen Phänomenen reflektiert werden. *Erstens* haben liberale Demokratiesysteme an politischer Legitimation sowie Akzeptanz bei einem wachsenden Teil ihrer Wählerinnen und Wähler eingebüßt (vgl. Di Fabio 2015). Im Hinblick auf die EU-Mitgliedsstaaten ist ein erheblicher Vertrauensverlust gegenüber den einstigen „Volks"-Parteien entstanden, der auch eine zivilgesellschaftliche Spaltung der Bevölkerungen widerspiegelt und zu zahlreichen kontroversen Deutungsversuchen geführt hat (vgl. Levitsky und Ziblatt 2018; Schreyer 2018; Bauch 2018; Knauß 2018). Der nationale „Kitt", der nach 1945 Länder wie Großbritannien, Frankreich, Italien, Ungarn, Polen und später auch Deutschland als Interessen-, Werte- und Gefühlsgemeinschaft zusammengehalten hat, scheint immer mehr zu zerbröseln (vgl. Berger 1996; Heitmeyer 1997; Lange 2011).

Im Falle Deutschlands zeigen Analysen von Demoskopien, dass die Meinung der politischen Klasse bei wichtigen gesellschaftlichen Anliegen – zum Beispiel der Frage der Fortsetzung der Beteiligung der Bundeswehr am Afghanistaneinsatz, der Öffnung der Staatsgrenzen (Flüchtlingsfrage), der Einführung einer Erbschaftssteuer oder der Zulassung von nationalen Volksbegehren und -abstimmungen – von den politischen Präferenzen der Bürgerinnen und Bürger aus unterschiedlichen sozialen Milieus deutlich abweicht, was bei den Wählerinnen und Wählern Ohnmachts- und Entfremdungsgefühle ausgelöst (vgl. Schreyer 2018, S. 60ff.; Knauß 2018). Populistische und neo-nationalistische Parteien haben unerwartet starken Zulauf bekommen; sie streben politische Ziele an, die den Prinzipien und dem Selbstverständnis liberal-demokratischer Gesellschaften Hohn sprechen (vgl. Stegemann 2017; Leggewie 2017). Liberale Demokratien werden – so wie es die Harvard-Professoren Steven Levitsky und Daniel Ziblatt feststellten, „von innen zerstört" (Levinski und Ziblatt 2018, S. 272), wenn das „feine Gewebe der Konvention" im politischen Raum zersetzt und Normen wie „gegenseitige Achtung und institutionelle Zurückhaltung" aufgeweicht werden (Levinski und Ziblatt 2018, S. 118 u. 120). Francis Fukuyama (2019, S. 141f.) zeigt die politischen Gefahren auf, die durch den tatsächlichen oder wahrgenommenen „Verlust der Würde" bei Bürgerinnen und Bürger entstehen, die sich ausgegrenzt fühlen und sich mit „Identitätspolitik" als Reaktion auf soziale Ungerechtigkeit zur Wehr setzen.

Wie kann man Politikerinnen und Politikern und Zivilgesellschaften in Ländern Afrikas und Asiens das Modell der liberalen Demokratie westlicher Prägung noch zur Nachahmung empfehlen beziehungsweise es ihnen aufdrängen, wenn dieses realiter in seinen Entstehungsländern (einschließlich in den USA) von rassistischen und nationalistischen Strömungen verdrängt wird, die sich oftmals pauschal und in diskriminierender Weise gegen Fremde, das heißt gegen Ausländer, Asylsuchende, Kriegs- und Klimaflüchtlinge sowie Migranten, richten? Das heißt doch: Die vermeintlich an *Good Governance* orientierte Außenpolitik der OECD-Staaten steckt in einer Glaubwürdigkeitskrise.

Zweitens haben liberale Demokratien auch an politischer Effizienz – an *Output*-Legitimation – eingebüßt, weil sie als nationalstaatliche Akteure (mit und ohne EU-Behörden) negative Auswirkungen der Globalisierung wie die Weltfinanzkrise von 2008, die Klimaerwärmung oder die Flüchtlingskrise von 2015 nicht wirksam genug steuern konnten. Tatsächlich setzten oftmals hilflos erscheinende Repräsentantinnen und Repräsentanten der politischen Klasse auf elitäre oder pragmatisch-technokratische Lösungen. Sie entfernten sich dabei von den Erwartungen, unterschwelligen Ängsten und legitimen Eigeninteressen großer Teile der Bevölkerung, die oft mit Misstrauen gegenüber elitären Politikerinnen und Politikern reagierten. Was legal ist, wird nicht mehr als legitim empfunden. Die Gründe für dieses Demokratieversagen sind sicherlich vielschichtig und zu komplex, um hier angemessen dargestellt werden zu können (vgl. Rosanvallon 2017; Levitsky und Ziblatt 2018). An dieser Stelle soll nur auf die von populistisch argumentierenden Kritikern hervorgebrachte provokante These der „Politik der offenen Grenzen" (wie die von Jost Bauch, Peter Sieferle und Ferdinand Knauß) hingewiesen werden, weil diese für den sozialen Frieden in Deutschland und anderen EU-Ländern eine nicht länger ignorierbare Herausforderung darstellt. Die politische Klasse (zumindest in Ländern wie Deutschland, den Niederlanden, Dänemark und Schweden) hänge – so das populistische Argument – einer universalistischen Utopie eines globalen Humanismus an, der „im Grunde nur ‚Menschen'" kenne, „die in ihrer Substanz gleich" seien. Kulturelle Differenzen seien angeblich nur „kontingenter Natur und im Medium des Universalismus reine ‚Privatsache'"(Sieferle 2017, S. 87). Negative Folgen der Globalisierung und der Migrantenströme werden schicksalsergeben – so der Vorwurf – hingenommen, ohne dass die langfristigen Folgen der damit einhergehenden Erosion nationalstaatlicher Steuerungskapazität hinreichend bedacht werden (vgl. Bauch 2018; Knauß 2018; Merkel 2017).

Dieser kritische Blick von rechts korreliert zum Teil mit jüngsten Forschungsergebnissen, nach denen nicht in erster Linie wirtschaftliche Unterschiede, sondern eher „kulturhistorische, sozio-kulturelle oder sozialpsychologische Faktoren die demokratische Gesellschaft spalten". Angst vor „Überfremdung" und „mangelnde öffentliche Anerkennung eigener Partialinteressen durch eine elitäre, selbstverliebte Staatsklasse" seien „zum treibenden Faktor" einer verantwortungslosen Politik geworden (Bollmann und Budras 2018, S. 19; vgl. auch Borchmeier 2017; kritisch dazu Assmann 2018). Eine derartige soziale Spaltung der Gesellschaft ist demzufolge das Ergebnis dieser eigentlich nicht intendierten, sehr wohl aber „unpatriotischen" Politik kosmopolitisch orientierter Parteien. „Während der wirtschaftliche Ordnungsrahmen der großen Demokratien ungewisser wird, wachsen alltagskulturelle Zukunftsängste" (Di Fabrio 2015, S. 6).

Und schließlich haben *drittens* einige autoritäre Regime beachtliche Problemlösungskompetenzen entwickelt, mit denen sie gesellschaftliche Herausforderungen vergleichsweise erfolgreich bearbeiteten, an denen demokratische Mehrparteienregime gescheitert waren und somit nolens volens sozialen Unfrieden erzeugten. Autoritäre Regierungen waren – bei klugem Management wie in Singapur (unter Präsident Lee Kuan Yew), Ruanda (unter Präsident Paul Kagame) oder Ghana (unter der Militärregierung von Jerry Rawlings) – in der Lage, akute Nöte der Bevölkerung ohne langwierige parlamentarische Verfahren zu lösen, allerdings oftmals ohne Rücksicht auf Minderheiten und fundamentale Menschenrechte. Dabei hat sich immer wieder gezeigt, dass Menschen mit traumatischen Kriegs- und Unrechtserfahrungen (Algerien) oder mit enttäuschten Hoffnungen auf eine liberale Demokratie (Brasilien) eine handlungsstarke, autoritäre Regierung einer Parteienstreit zulassenden demokratischen Regierungsform vorziehen (Volksrepublik China). Möglicherweise wird die Weltpolitik in Zukunft weniger vom Gegensatz zwischen demokratischen und autokratischen Staaten bestimmt sein als vom Gegensatz zwischen funktionierenden (autoritären) Staaten einerseits und versagenden Staaten (mit oder ohne demokratische Regierung) andererseits. Es hat sich mancherorts die paradoxe Situation ergeben, dass Demokratien durch Volkswahlen „bedroht" werden und charismatische Diktatoren wie Hugo Chavez in Venezuela oder Jair Bolsonaro in Brasilien als „das kleinere Übel" willkommen geheißen werden. Bolsonaro verherrlicht Folter und Militärdiktatur; er leugnet den Klimawandel; er hetzte im Wahlkampf gegen ethnische Minderheiten und Homosexuelle und lässt als Präsident den Regenwald des Amazonas für den Anbau von Soja roden (Viehfutter für Deutschland und andere Industrieländer).

Von den Enttäuschten und Verzweifelten der ärmeren Länder wird derartig definierter Fortschritt (*development*) als vordringlicher angesehen als Mit- und Selbstbestimmung (*democracy*). Aus Erfahrungen mit früheren Militärregimen (Argentinien, Brasilien, Nikaragua, Ägypten etc.) ist jedoch bekannt, dass autoritär verordnete Fortschrittsprogramme meist ohne nachhaltig positive Wirkung auf nationales Wohl und allgemeinen Konsens geblieben sind.

Bekanntermaßen verläuft Politik selten geradlinig, meistens in Wellenbewegungen, was aber eine insgesamt gerichtete Tendenz (auch zum höheren Wohlergehen des Volks) nicht ausschließt. Politische Visionen, Vorbilder und kulturelle Werte sind ständigem Wandel und stetiger Bewährung ausgesetzt. So hingen in den 1950er und 1960er Jahren Westeuropäer großenteils dem US-amerikanischen Traum von einer freien demokratischen Gesellschaft an, in der jeder selbst seines Glückes Schmied sein konnte. Mit den Anti-Vietnamkrieg-Demonstrationen der 1970er Jahre verblasste der amerikanische Traum und wurde von einem europäischen Traum abgelöst, der auf der institutionell abgesicherten Friedens- und Wohlfahrtsgemeinschaft zwischen postkolonialen liberalen Demokratien West- und Mitteleuropas beruhte (vgl. Rifkin 2004; Assmann 2018).

Heute sind offenbar politische Eliten (vor allem in den „Fassaden-Demokratien" Afrikas und Asiens) vom asiatischen Traum eines starken Interventionsstaates beeindruckt, der bei Einschränkung von Mitbestimmungsrechten die Förderung einer (eher frühkapitalistischen) Marktwirtschaft, bewirkt. Dieses antidemokratische Modell scheint sowohl politische Stabilität als auch raschen wirtschaftlichen und sozialen Aufschwung zu garantieren. Mit diesem Modell des „starken Führers" (Brown 2018) wird gerne die Präsidialherrschaft von Lee Kuan Yew in Singapur assoziiert (1959–1990), der unter günstigen kulturellen Voraussetzungen erstmals in Asien eine nachholende Modernisierung von oben zustande brachte (vgl. Yew 2000). Er ließ den Kleinstaat Singapur zum Schwellenland mit einem Bruttonationaleinkommen von heute 54.500 US-Dollar je Einwohner aufsteigen (doppelt so hoch wie das Bruttonationaleinkommen von Spanien mit 27.000 US-Dollar, Zahlen für 2017). Als nicht minder attraktiv wurde – auch in den

Sozialwissenschaften – das Reformexperiment von Mustafa Kemal Atatürk (1881–1938) angesehen, der in einem muslimischen Land im Jahr 1923 die Republik einführte und sich für sechs im Westen kultivierte Verfassungsprinzipien einsetzte: für den Republikanismus (Abschaffung des osmanischen Sultanats), den Populismus (am Volk und nicht an einer Klasse orientierte Politik), den Laizismus (Trennung von Politik und Religion), den Etatismus (staatliche Wirtschaftslenkung), den Nationalismus (als Wendung gegen ein multi-ethnisches oder religiöses Staatskonzept) und die Revolution (im Sinne stetiger Fortführung von Reformen). Dass diese zunächst erfolgreiche Systemtransformation am Bosporus, die zum ersten Mal ein muslimisches Land in ein demokratisches Mehrparteiensystem verwandelte, heute unter dem allmächtigen Staatspräsidenten Tayyip Erdogan – nicht selten als der neue Sultan tituliert – wieder zurückgebaut wird, ist für etwa die Hälfte der heute lebenden Türkinnen und Türken eine böse Erfahrung. *Historia docet*: Der einmal erreichte Zustand einer friedlichen und durch politische Parteienkonkurrenz getragenen Demokratie ist reversibel, was freilich auch für den gegenteiligen Zustand zutrifft: Die so attraktiven „Entwicklungsdiktaturen" von heute müssen sich gegen rechtsstaatliche, wertegebundene Demokratien auf Dauer behaupten – eine ideologische Konfrontation mit offenem Ausgang.

3 Zur Begriffsbestimmung autoritärer Herrschaftsregime

Nach diesen Vorbemerkungen über die aktuelle Krise der demokratischen Herrschaftsform westlichen Typs kann jetzt die Kernfrage näher erörtert werden: Unter welchen Bedingungen und in welchen Grenzsituationen kann es gerechtfertigt erscheinen, vom Ideal der liberalen pluralistischen Demokratie abzuweichen und das Konkurrenzmodell des autoritären Lenkungsstaates zu respektieren?

Seit dem Ersten Weltkrieg hat das internationale Staatensystem diverse Formen autoritärer Herrschaft hervorgebracht, die als politisch gewolltes Gegenmodell zur liberalen Demokratieform drei Kriterien der Machtsicherung gemeinsam haben:

- Zentralisierung von Macht durch Aufhebung der institutionellen *checks and balances*: Autoritäre Regime schränken die verfassungsgemäße Rechtsstaatlichkeit ein. Häufig sind sie bestrebt, ihre politische und militärische Macht zusätzlich durch patriotische Symbolhandlungen zu sichern oder durch ideologisch-religiöse Heilsversprechen propagandistisch aufzuladen.
- Anti-Pluralismus: Dieses Herrschaftsprinzip beruht auf der Repression von Kritikern, Oppositionellen und „illoyalen" Teilen der Zivilgesellschaft, auch unter Einschluss der politischen Manipulation der öffentlichen Meinung via mediale Zerrbilder sowie des Kaufs oder der erzwungenen Kooptation von Gegnern und Konkurrenten.
- Legitimation durch materielle Erfolge: Angestrebt wird eine *Output*-Legitimation gegenüber der eigenen Bevölkerung durch Infrastruktur- und Wohlfahrtsleistungen des Staates. Damit befördert das Regime die Mechanismen eines Patronagestaates.

Das Wesen des Politischen ist, Carl Schmitt zufolge, die Unterscheidung von Freund und Feind, von wir und sie. Souverän sei derjenige, der über den Ausnahmezustand entscheide. Obwohl er sich als „Krohn-Jurist des Deutschen Reichs" in den Augen Vieler diskreditiert hat, übt seine Politikdefinition noch immer eine gewisse Faszination aus – namentlich bei Anhängern populistischer Orientierungen (vgl. Krauß 2018, S. 143). Autoritäre Regime in Ländern der sogenannten Dritten Welt bedienen sich gerne und häufig der Verkündung des Ausnahmezustands als außerlegales Mittel der Krisenbewältigung. Betrachtet man die politischen Herrschaftssysteme der Gegenwart auf einer Skala von liberaler Demokratie bis Militärdiktatur, so sind mindestens sieben Erscheinungsformen von autoritären Regimen zu unterscheiden, die sich mit dem Politikverständnis von Carl Schmitt beschreiben lassen. Sie weisen aber unterschiedliche Friedenspotenziale auf:

Erstens: das durch Putsch oder Sieg im Bürgerkrieg an die Macht gekommene Militärregime: Etabliert es sich dauerhaft ohne Legitimation mittels freier und fairer Wahlen als quasi legale Regierung, ist ein gesellschaftlicher Frieden (im Sinne des zivilisatorischen Hexagons von Dieter Senghaas) nicht zu erwarten (zum Beispiel Ägypten heute unter Präsident Abd al-Fattah as-Sisi oder Burkina Faso nach dem Sturz von Präsident Thomas Sankara 1983–1987).

Zweitens die religiöse Diktatur islamischer Prägung: Wo die Berufung auf heilige Traditionen auch in politischen Fragen mehr gilt als der Wille des Souveräns (der Wahlbevölkerung), ist eine friedliche Entwicklung strukturell verbaut. Gegen Minderheiten kann „Gewalt als Gottesdienst" (Kippenberg 2008) eingesetzt werden (wie beispielsweise der Iran unter Revolutionsführer Ayatollah Khomeini 1979–1989).

Drittens die Fassaden-Demokratie: Parlaments- und Präsidialwahlen finden zwar statt, sind aber nicht frei und fair, sondern manipulativ und schließen so einen möglichen Machtwechsel aus. Die politische Konkurrenz und ihr ethnisch-sozialer Anhang werden mit gesetzlichen und außergesetzlichen Mitteln vom Staatspatron unterdrückt (wie in Simbabwe, Kamerun, Gabun, Uganda etc.). In solchen Regimen herrscht höchstens ein fragiler Frieden (allerdings ohne soziale Befriedung). Die Russische Föderation unter Wladimir Putin mit 21 Republiken, 9 Regionen und 53 weiteren Gebieten stellt eine besondere Spielart einer militanten Fassaden-Demokratie dar: Sie versteht sich als anti-westlich und als moralisch „gesunde" Alternative zu den „dekadenten" Staaten des Westens. Gewaltenteilung, Rechtsstaatlichkeit und Schutz der Menschenrechte sind hier stark eingeschränkt.

Viertens neo-autoritäre Regime als Ergebnis der Regression einer zuvor gescheiterten Demokratie: Es handelt sich um einen institutionellen Rück- und Umbau einer demokratischen rechtsstaatlichen Ordnung zu einem politischen System, das Macht zentriert, Pluralismus einschränkt und für seine Anhänger materiellen Gewinn zu sichern verspricht. Die Schwelle zur Diktatur ist erreicht (oder sogar überschritten), wenn das amtierende Regime die verfassungsmäßig verbürgten Leitplanken der Demokratie, das heißt die Unabhängigkeit der Justiz ebenso wie den freien Parteienwettbewerb um politische Ämter abbaut. Beispiele für solche neo-autoritären oder auch illiberalen Demokratien sind neben Ungarn unter Victor Orban und Polen unter Jaroslaw Kaczynski auch die Türkei unter Recep Tayyip Erdogan, die Philippinen unter Rodrigo Duterte oder Brasilien unter Jair Bolsonaro. Solche Regime erkaufen politische Stabilität (für eine Weile) mit der bewusst zugelassenen sozialen Spaltung der Gesellschaft in „Anhänger" einerseits und „Verräter" andererseits. Die Freund-Feind-Orientierung in Rhetorik und Politik zeitigt gravierende Folgen für die sozial und politisch Ausgeschlossenen – wie sie in Venezuela unter Staatspräsident Cesar Chavez (1999–2013) und im Februar 2019 unter Nicolás Maduro (seit 2013) in dramatischer Weise zutage getreten sind.

Fünftens die Entwicklungsdiktatur auf Zeit, das heißt ein autoritäres Regime (oftmals unter Leitung des Militärs), das sich aufgrund wirtschaftlicher Erfolge und sozialer Mobilisierung zum demokratischen Mehrparteiensystem transformiert (zum Beispiel die asiatischen Schwellenländer Taiwan, Südkorea, Hongkong, Malaysia und Indonesien). Hier wurde sozialer Friede zwischen den Gesellschaftsklassen durch wachsende Teilhabe am nationalen

Wohlstand und durch schrittweise erkämpfte Mitbestimmungsrechte der arbeitenden Bevölkerung erzielt – ein Modell auch mit heute großer Strahlkraft nach Afrika.

Sechstens das militante Minderheitenregime als Antwort auf eine nationale Katastrophe (unter anderem Krieg) in einem multiethnischen Staat. In einer außergewöhnlichen geschichtlichen Situation am Ende eines Befreiungs- oder Bürgerkrieges legitimiert sich das jeweilige an die Macht gekommene autoritäre Regime durch den militärischen Sieg über die kriegsführende Vorgängerpartei (so geschehen in Angola 1975, in Äthiopien 1991 und in Ruanda 1994). Wenn jedoch die siegreiche Partei eine ethnische Minderheit repräsentierte, würde eine freie und faire Parlamentswahl den Sieger auf dem Schlachtfeld mit großer Wahrscheinlichkeit zum Verlierer an der Wahlurne machen, was wiederum politisches Chaos erzeugen würde. Um demnach Chaos oder Bürgerkrieg zu verhindern, ist aus friedensethischer Sicht die Duldung und Anerkennung des autoritären Minderheitenregimes ein Gebot der politischen Klugheit: Im Ziel- und Interessenkonflikt zwischen nationalem Frieden und demokratischer Mitbestimmung ist dem Frieden im Sinne der Einhegung von Gewalt der Vorzug zu geben (ein aktuelles Beispiel stellt Ruanda unter Präsident Paul Kagame 1994 bis zur Gegenwart dar).

Siebentens das seit Parteiführer Deng Xiaoping entwickelte kommunistische Regime chinesischer Prägung, das eine Hybridform von sozialistischer Einparteidiktatur und kapitalistischer Marktwirtschaft unter Aufsicht des Staates darstellt. Es ist wohl möglich, dass sich das chinesische Modell mit seiner jüngsten Kontrollpolitik der Bewertung individuellen Wohlverhaltens mittels eines Bonus-Malus-Punktesystems („Zhima-Punkte" als „Vertrauenswährung") als ein Albtraum für mündige Bürgerinnen und Bürger herausstellen wird. Zurzeit wird es aber einer repräsentativen Online-Umfrage einer Forschergruppe der Freien Universität Berlin zufolge von 80 Prozent der befragten Internetnutzer in China befürwortet (vgl. Böge 2018, S. 3; Strittmatter 2013). Als Grund dafür wurde die Hoffnung angegeben, dass ein starker Staat, der den transparenten gefügigen Bürger belohnen beziehungsweise erst schaffen würde, die heutigen Übel eines unmoralischen, korrupten Verwaltungssystems überwinden könnte – Übel wie Lebensmittelskandale, Internetbetrug, Heiratsschwindel, die illegale Verseuchung von Flüssen oder Schummeleien bei der Zugangsprüfung zu Universitäten. „All das, so die Logik, könnte verhindert werden, wenn die Kosten für ‚unehrenhaftes' Verhalten steigen" (Böge 2018, S. 3). Offenbar sind heute die Gräuel aus der Zeit der „Kulturrevolution" schon vergessen, als ein seniler Diktator zum Zweck des eigenen Machterhalts die Jugend (die Roten Garden) mittels einer heute lächerlich erscheinenden, verführerischen Ideologie (die Mao-Bibel) irreführte und Tausende von unschuldigen Bürgerinnen und Bürgern demütigen, vertreiben oder umbringen ließ (vgl. Chang und Halliday 2005).

4 Die kulturellen Voraussetzungen für demokratie- und friedensfähige Regime: Ruanda und Äthiopien als Beispiele

Im Folgenden wird nur das sechste Modell einer näheren Betrachtung unterzogen, weil dieses der folgenreichste Fall einer Rechtfertigung einer autoritären Herrschaft aus friedensethischen Gründen darstellt. Während zum ruandischen Beispiel nur das Notwendigste vor Augen geführt werden soll – weil hier die Legitimationslogik für das autoritäre Regime von Paul Kagame alternativlos scheint –, soll am Beispiel Äthiopien (1991–2019) die zentrale These dieser Abhandlung vertieft illustriert werden. Sie besagt, dass das im Westen entstandene Modell einer liberalen friedensfähigen Demokratie in der politischen Praxis der Gegenwart nicht ohne Weiteres eine – und möglicherweise auf absehbare Zeit gar keine – universell gültige Bedeutung beanspruchen kann. Die zu klärende Frage lautet daher, ob das zivilisatorische Hexagon des Friedens- und Entwicklungsforschers Dieter Senghaas, das von ihm auch als „Modernisierung wider Willen" (Senghaas 1998) umschrieben wurde, als Friedens- und Entwicklungsnorm auf alle Gegenwartskontexte anwendbar ist.

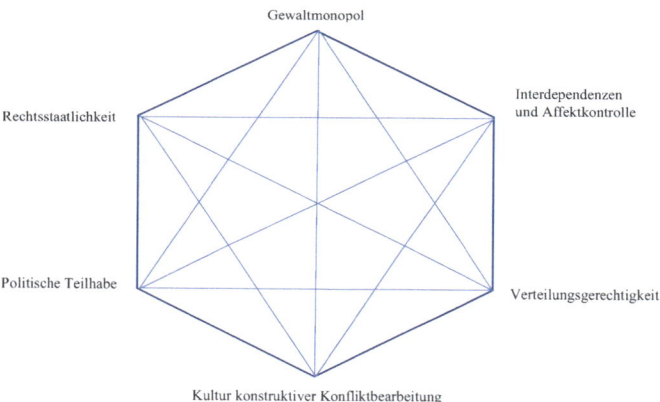

Schaubild 1   Das zivilisatorische Hexagon von Dieter Senghaas

Es gibt keinen plausiblen Grund, die innere Logik des Modells von Frieden und Entwicklung als eine notwendige Abfolge von Innovationen in sich modernisierender Gesellschaften prinzipiell infrage zu stellen, wie sie Dieter Senghaas (1998) in seinem Modell des zivilisatorischen Hexagons begründet hat. So lässt sich empirisch feststellen, dass dieses auch für afrikanische Transitionsgesellschaften von hoher Relevanz ist, verlangt die angestrebte

Modernisierung notwendigerweise gewisse Anpassungsleistungen, um in der modernen Weltgesellschaft bestehen zu können (vgl. Tetzlaff 2018). Diskussionswürdig ist aber die Frage, ob sich auch die zeitliche Abfolge der Innovationsschritte an den historischen Vorbildern der heute als entwickelt geltenden Länder ausrichten muss. Auf die Erlangung des staatlichen Gewaltmonopols (Innovation 1), der Rechtsstaatlichkeit als Mittel der Zähmung der Staatsgewalt (Innovation 2) sowie der wirtschaftlichen Entwicklung (Innovation 3 im Senghaas'schen Modell) – Reformschritte, die autoritäre Regime noch am ehesten erreichen oder hinnehmen werden – folgt in Dritte-Welt-Staaten nicht zwingend als nächste Innovation die Geburt der Demokratie (als Innovation 4). Empirisch lässt sich zeigen, dass diese idealtypisch notwendige Entwicklungsphase zuweilen gewissermaßen ausgesetzt, ersetzt oder übersprungen wird (klassische Beispiele hierfür sind Singapur und die Volksrepublik China).

Ursache für diese historische Varianz ist – wie schon ansatzweise dargelegt – das Fehlen von eingeübten gesellschaftlichen Praktiken der Einigung auf notwendige Spielregeln der Machtteilung und der Duldungs-Toleranz gegenüber subnationalen, ethnisch-kulturell fragmentierten Gesellschaftsgruppen. Ein formal souveräner Staat einerseits und eine real multiethnische Bevölkerung im Übergang zu einer nationalen Gesellschaft mit kollektiver Identität andererseits sind nicht deckungsgleich, sondern durch unterschiedliche Entstehungskontexte gekennzeichnet. Während der postkoloniale Staat als in der Regel junge Institution das historische Produkt einer globalen Entwicklung von Kolonisation und Dekolonisation ist, stellen postkoloniale Gesellschaften meistens locker miteinander verbundene Ensembles ethnisch-kultureller Sozialverbände dar, die existenziell vom staatlichen Gewaltmonopol nicht oder nicht mehr abhängig sind. Zudem wird das Überleben des postkolonialen Staates, der von externen Finanz- und Techniktransfers abhängig gemacht worden ist, von der internationalen Staatengemeinschaft als souveränes UN-Mitglied der Völkerfamilie formal garantiert. Da jeder Versuch einer territorialen Sezession einer Region oder einer Ethnie zum Zwecke der Neubegründung eines Staates (zum Beispiel Nigeria oder Kongo) stets in höchstem Maße erschwert, notfalls auch gewaltsam sanktioniert wird, ist ein postkoloniales Regime in Afrika für sein Überleben und seine Konsolidierung – im Vergleich zu entwickelten Staaten der industriellen Welt – nur geringfügig von der eigenen Bevölkerung abhängig. Hier muss erst noch zusammenwachsen, was zusammengehören will oder soll – und das kann Generationen dauern. In einem kritischen Beitrag über die externe Finanzierung staatlicher Institutionen durch internationale Geberorganisationen wies Heinz-Gerhard Justenhoven (2018, S. 160) auf die Gefahr der „Abkopplung von Regierung und Verwaltung", von Staat und Gesellschaft hin:

„Mangelnde einheimische Steueraufkommen führen zur Abhängigkeit von internationalen Finanzmitteln. Nicht die Bürger als Steuerzahler, sondern die internationalen Akteure zahlen und bestimmen damit die politische Agenda, indem sie ihre Hilfe konditionieren."

Das jüngste Beispiel eines erfolgreichen autoritären Regimes vom Typ 6 (militantes Minderheitsregime) stellt der zentralafrikanische Binnenstaat Ruanda dar – ein Land mit einer christlichen Bevölkerung von über 12 Millionen Einwohnern, das im Jahr 1994 einen Genozid erleiden musste, bei dem etwa 800.000 Angehörige der Minderheitenethnie der Tutsi (sowie einiger Hutus) ermordet wurden. Verantwortlich für die Massaker war eine gewählte Regierung der Hutu-Mehrheit, die aus Angst vor der Rückkehr der einst vertriebenen Tutsi aus dem benachbarten Uganda Massaker an den im Lande verbliebenen Tutsi verübten – vor den Augen der tatenlos zusehenden Weltöffentlichkeit. Erst eine Invasionsarmee der Tutsi aus Uganda setzte dem Völkermord ein Ende; Millionen verängstigter Hutu, einschließlich der Genozidäre, brachten sich vorerst in der Demokratischen Republik Kongo in Sicherheit (vgl. Des Forges 2002). Der fällige Aufbau eines neuen, friedfertigen Staatswesens Ruanda, in dem die ethnische Zugehörigkeit der Staatsbürgerinnen und -bürger offiziell keine Rolle mehr spielen sollte, konnte nur von dem Teil der Bevölkerung in Angriff genommen werden, der nicht den Genozid zu verantworten hatte. So ergab sich die alternativlose Situation, dass die politische Führung der ehemaligen Opfer, der erfolgreiche Tutsi-General Paul Kagame, die staatliche Macht okkupierte und eine Fassaden-Demokratie errichtete. Parlamentswahlen wurden so manipulativ organisiert, dass die Sieger im Bürgerkrieg – auch als ethnische Minderheit – nun alle Kommandoposten des neuen Staates besetzen konnten. Es bestand kein Zweifel, dass freie und faire Wahlen zu diesem Zeitpunkt wieder Repräsentanten der Hutu-Mehrheit an die Macht gebracht hätten, was den Bürgerkrieg erneut entfacht hätte. Der so situativ erzwungene Frieden zwischen noch immer hasserfüllten oder traumatisierten Ethnien ist für längere Zeit politisch alternativlos, bleibt aber strukturell labil.

Die Frage, ob aus dem Zustand des negativen Friedens durch gesellschaftliche Aussöhnungsprozesse (auf hohem wirtschaftlichen Entwicklungsniveau) auch später einmal ein positiver Frieden mit echter demokratischer Partizipation aller Volksgruppen erwachsen kann, ist heute noch nicht zu beantworten. Feststeht heute nur, dass dieses autoritäre Regime, in dem eine ethnisch-politische Minderheit den Ton angibt und das Kritik gnadenlos unterdrückt, entwicklungspolitisch zu einem Vorbild für viele afrikanische Länder geworden ist, – aufgrund seiner präzedenzlosen Leistungen bei der Transition des einst armen Kaffeeexportstaates in einen wirtschaftlich diversifizierten, disziplinierten und korruptionsarmen Verwaltungsstaat mit hohem wirtschaftlichem

Wachstum. Ruanda unter Militär-Präsident Kagame (der sich an keine Amtsbeschränkung hält) ist zum Modellfall des Entwicklunsstaates geworden – und zum „Liebling" der internationalen Entwicklungskooperation.

5 Das Beispiel Äthiopien

Am Beispiel des überwiegend christlichen Äthiopien soll in idealtypischer Weise demonstriert werden, dass das demokratische Modell westlicher Provenienz nicht bei allen *critical juncture*-Fällen in Entwicklungsländern anwendbar ist. Nach Jahrzehnte langem, bewaffnetem Kampf mit zahlreichen Opfern in den eigenen Reihen gelang es einer nationalen Befreiungsbewegung im Jahr 1989 (den Tigray in Äthiopien), den politischen Tyrannen (Militär-Diktator Mengistu Haile Mariam vom Volk der Amharen), der mittels einer brutalen Militärdiktatur die Bevölkerung des Landes unterdrückt und an einer gedeihlichen Entwicklung behindert hatte, in die Flucht zu schlagen (vgl. Kreuter 2010; Uhlig et al. 2017; Tetzlaff 2018, S. 208f.). Die Befreiungsbewegung, die sich auf eine regional begrenzte, ethnische Minderheit stützte, die nur etwa sieben Prozent des Vielvölkerstaates ausmachte (Tigray), fühlte sich durch den militärischen Sieg über die Diktatur legitimiert, auch die nächste nationale Regierung zu bilden und das staatliche Gewaltmonopol für sich und ihre Unterstützer zu beanspruchen. In einer über Generationen gewachsenen Kriegerkultur entsprach das der politischen Rationalität der Sieger und zugleich der politischen Kräftekonstellation im Augenblick des Umsturzes – alles andere hätte Anarchie oder die Fortsetzung des Bürgerkrieges bedeutet.

Das Jahr 1990/91 stellte eine revolutionäre *critical juncture*-Situation dar (vgl. Acemoglu und Robinson 2012, S. 106ff.), wie sie sich nur selten in der Geschichte eines Landes bietet: In diesem

Jahr konnte die traditionelle Vorherrschaft einer martialischen ethno-kulturellen Gruppe (des Volkes der Amharen mit einem Anteil von ca. 30 Prozent an der Gesamtbevölkerung) legal beendet und eine neue legitime Ordnung errichtet werden. Die triumphierende Militärregierung – basierend auf einer ethnischen Minderheit –, die sich im Besitz eines historischen Mandats glaubte, wurde nun von den USA und den EU-Staaten gemäß der westlichen Norm für legitime Herrschaft zur Abhaltung von freien und fairen Wahlen gedrängt, was als Voraussetzung für die Bewilligung internationaler Aufbauhilfe galt. Die Regierung befand sich in einer Legitimations-Falle ohne demokratieverträglichen Ausweg: Würde sie tatsächlich für freie und faire Regional- und Parlamentswahlen sorgen, würde sie keine eigene Mehrheit für die Regierungsbildung zustande bekommen, da zwei ethnisch-regionale Machtblöcke seit Jahrhunderten als Konkurrenten in Opposition zu einander standen (die der Amharen und die der Oromo). Um also nicht von der dringend benötigten Entwicklungshilfe aus dem westlichen Ausland abgeschnitten zu werden, blieb ihr kaum etwas anderes übrig als – wie von den potenziellen Geldgebern gewünscht – formal Wahlen abhalten zu lassen und gleichzeitig dafür zu sorgen, dass ihr nicht die gerade unter großen Opfern militärisch erworbene Macht im Lande wieder entglitt.

Das war die Geburtsstunde des elektoralen Autoritarismus in Äthiopien – eine Regimeform, die bis heute, trotz aller Defizite und Kosten an Leib und Leben der großen Mehrzahl der Bevölkerung, überlebt hat. So gewann die Regierungspartei mit ihren sorgfältig ausgewählten regionalen Ablegerparteien und Wahlkandidaten mittels Manipulationen und unfairer Behandlung der oppositionellen Konkurrenzparteien die Parlamentswahlen von 1992, die von den Wahlbeobachtern der Vereinten Nationen, den Geberstaaten sowie der deutschen Regierung zu Recht als nicht frei und fair deklariert wurden. Während idealistisch gestimmte

Nichtregierungsorganisationen von einer „verpassten Chance" sprachen und die neue Regierung als repressiv und undemokratisch anprangerten, gingen die Regierungen der internationalen Staatengemeinschaft recht bald pragmatisch zur Tagesordnung über und gewährten großzügige Finanz- und technische Hilfen von zunächst 1,3 Milliarden US-Dollar allein für das Jahr 1993 (vgl. Niggli 1992).

6 Nationale Versöhnung als Politik beherzter Krisenbewältigung in Äthiopien

Was hier in den ersten Jahren nach der Befreiungsrevolution durch die *Tigray People's Liberation Front* (TPLF) in Äthiopien geschah, verdeutlicht das kulturelle Missverständnis, das generell entsteht, wenn politische Normen ohne Berücksichtigung ihrer historischen Ermöglichungsbedingungen als universell gültiges Mittel von politischen Vertretern einer speziellen Interessenpolitik instrumentalisiert werden. Wie konnte man erwarten, dass in einem feudalen Militärstaat mit einer langen Geschichte von kriegerischer Eroberung und Unterwerfung fremder Völker in so kurzer Zeit eine Transition zu einer neuen politischen Rechtsordnung (demokratischer Qualität) entstehen würde? Wer sollte denn Katalysator und Träger einer solchen demokratischen Wende sein – von den Schlachtfeldern heimkehrende traumatisierte Offiziere, die als junge mittellose Kadetten in Moskau einer Schulung in Marxismus-Leninismus unterzogen worden waren (vgl. Uhlig et al. 2017)? Kurz nach Ende des Bürgerkrieges waren bei den Siegern die mentalen und institutionellen Voraussetzungen für das Gelingen einer liberalen Demokratie mit freien und fairen Wahlen schlicht nicht vorhanden – und konnten es auch nicht sein. Denn das hätte eine „Enttribalisierung" des Denkens und Fühlens vorausgesetzt, die „den Fremden" (die um Land und Macht rivalisierende Ethnie) als politisch gleichberechtigt ansieht (Simmel 1908, S. 685f.) – eine kulturelle Leistung, die im postkolonialen Afrika erst langsam im Entstehen begriffen ist (vgl. Perry 2018; Tetzlaff 2018, S. 173ff.).

Von einer tatsächlich verpassten Chance der Demokratie konnte also seriöserweise nicht die Rede sein. Traditionen, Kriegstraumata und kulturelle Erinnerungen determinieren sicherlich nicht allein das politische Verhalten von Eliten, aber sie machen ein bestimmtes Akteursverhalten wahrscheinlicher, so dass es als kontextabhängig dechiffriert werden muss. In den 1990er Jahren erschienen der Aufbau und die Stabilisierung eines autoritären Regimes nicht nur aus der Siegerperspektive als alternativlos – vergleichbar mit der Situation in Ruanda im Jahr 1994. Seitdem bemüht sich das Regime in Addis Abeba, durch wirtschaftliche Modernisierung ein hinreichendes Maß an *Output*-Legitimation zu gewinnen, was allerdings bisher nur ansatzweise in einigen Regionen gelungen ist. Das Ausmaß an staatlicher Repression blieb bis in die jüngste Gegenwart erschreckend hoch. Auch das Jahr 2017 (das bislang letzte, über das verlässliche Zahlen vorliegen) war eines „des politischen Stillstands, der Verwirrung und des Misstrauens" (Abbink 2018, S. 310) zwischen Regierung und Bevölkerung gewesen. Wieder waren Hunderte von rebellierenden Bauern, die sich in den Regionen Oromiya, Amhara, Afar, Ogaden, Omo und Somalia gegen Vertreibung, Enteignung und Entmündigung wehrten, von staatlichen Sicherheitskräften umgebracht worden (vgl. Abbink 2018, S. 311ff.). Es herrschte der politische Ausnahmezustand – bis zum „äthiopischen Wunder" im Frühjahr 2018: Nach dem Rücktritt des gescheiterten Amtsinhabers Hailemariam Desalegn wählte das äthiopische Parlament einen neuen Ministerpräsidenten, der statt Repression den politischen Dialog mit Freund und Feind favorisierte und praktizierte. Abiy Ahmed beendete den Ausnahmezustand, entließ Tausende politischer Gefangener, entschuldigte sich für die zahlreichen Menschenrechtsverletzungen, die staatliche Sicherheitsorgane begangen hatten, und verkündete schließlich, mit dem Erzfeind Eritrea einen Versöhnungsfrieden schließen zu wollen (18 Jahre nach dem Ende des Krieges von 1998–2000 zwischen den beiden Staaten, der etwa 100.000 Menschenleben gekostet hatte). Sein Kabinett besetze er zur Hälfte mit gut ausgebildeten Frauen – für Äthiopien wirklich eine „neue Zeit" (Ministerin für Planung Fitsum Assefa in Addis Abeba, zit. nach Grill 2019).

Wie konnte aus diesem autoritären Regime im Stil einer brutalen Fassaden-Demokratie, das sich 26 Jahre lang auf politische Repression, gefälschte Wahlen und wirtschaftliche Erfolge stützte, eine politische Friedensinitiative entstehen? Bemerkenswerterweise ereignete sich die friedensförderliche Versöhnungspolitik des seit April 2018 amtierenden Ministerpräsidenten Abiy Achmed vom Volk der Oromo nicht als Ergebnis von Wahlen oder demokratischem Widerstand von unten, sondern als Ergebnis eines Zusammenwirkens dreier Faktoren:

1. eines subjektiven Faktors in Form eines charismatischen Führers, der sich als lang gedienter Sicherheitsoffizier der Armee von tradierten Freund-Feind-Bildern in der Politik zu lösen bereit war,
2. eines strukturellen Faktors in Gestalt einer schwelenden Systemkrise knapp unterhalb des Bürgerkrieges, die als eine auf Interessenausgleich gerichtete Versöhnungspolitik der Staatsklasse mit ihren Gegnern aus Selbsterhaltung unausweichlich war, sowie
3. eines internationalen Faktors, wonach neben den zivilgesellschaftlichen Gruppen im Inland auch die Gläubigerstaaten (die USA und EU-Länder) wegen der geopolitischen Bedeutung Äthiopiens als Frontstaat im Kampf gegen den internationalen

Terrorismus (in Somalia) die Regierung in Addis Abeba politisch und finanziell ermutigt haben, friedliche Wege der Konfliktbearbeitung zu beschreiten. Ein eskalierender Bürgerkrieg im 100-Millionen-Einwohner-Staat Äthiopien oder eine erneute Konfrontation zwischen Äthiopien und Eritrea würden mit Sicherheit weitere Flüchtlingswellen zur Folge haben, was zu vermeiden ein zentrales Anliegen war.

Ob mit dem „äthiopischen Wunder" von 2018 dauerhaft der Weg zu einem friedensfähigen *Nation-building* mit freien und fairen Wahlen eröffnet wurde (vgl. Grill 2018), stellt angesichts der langen Leidensgeschichte der unterdrückten Ethnien und der immensen regionalen Unterschiede zwar eine Möglichkeit, aber noch keine Gewissheit dar.

7 Fazit

Was lehren uns die Beispiele von autoritären Regimen, denen eine begrenzte Friedensfähigkeit nicht abgesprochen werden kann? Um mit Verständnis und Empathie die oftmals turbulenten Entwicklungen in den Ländern ohne demokratische Verfassungen westlicher Provenienz begleiten zu können, ist es ratsam, sich mit den jeweiligen Ermöglichungsbedingungen liberaler Demokratie (soweit diese überhaupt noch als erstrebenswerte Norm verfolgt wird) vertraut zu machen. Was im Westen als ein Spätprodukt eines langen Zivilisationsprozesses entstanden ist, kann bei den jungen Staaten Afrikas nicht apodiktisch als notwendig oder bereits existent vorausgesetzt werden. Denn bekanntlich lebt „der freiheitliche, säkularisierte Staat von Voraussetzungen, die er selbst nicht garantieren kann" (Böckenförde 1976).

Wenn über die Demokratie- und Friedensfähigkeit postkolonialer Gesellschaften gesprochen wird, sollte bedacht werden, dass es sich in der Regel um hochgradig ethnisch-kulturell fragmentierte Bevölkerungen handelt. Einige Staaten sind zu *failing states* geworden, andere sind erst noch auf dem Weg zur Ausprägung einer staatlichen und nationalen Identität. Fast alle nationalen Befreiungsbewegungen der Dritten Welt haben sich im 20. Jahrhundert dieses Staatsideal formal zu eigen gemacht, ohne sich bei ihrem postkolonialen Prozess des *State-building* auf ein Ethnos (eine durch gemeinsame Erinnerung und Sitten geeinte Volksgemeinschaft) oder gar einen Demos (eine durch gemeinsame Werte und Ziele geeinte Bürgergesellschaft) stützen zu können (vgl. Reinhard 2002).

In krisenhaften Umbruchs- und Übergangszeiten von afrikanischen Ländern können die milderen Formen autoritärer Herrschaft durchaus nützlich sein: um zunächst ein Minimum an politischer Stabilität zu garantieren und um dann die kulturellen Voraussetzungen für eine friedliche, demokratische Herrschafts- und Gesellschaftsordnung zu schaffen beziehungsweise bestehende Ansätze (zum Beispiel in Form von freien Gouverneurs- und Bürgermeisterwahlen) schrittweise zu vertiefen und zu verbreitern. Während die asiatischen Schwellenländer in dieser Hinsicht als Erfolgsmodelle zu bezeichnen sind, stehen afrikanische Autokratien (Äthiopien und Ruanda) erst am Anfang solcher Transformationsprozesse, wobei auch mit starken Generationenkonflikten zwischen gerontokratischen Alten und einem rasch wachsenden Heer von beschäftigungssuchenden Jugendlichen zu rechnen ist (vgl. Smith 2018; Debiel 2018).

Für die Außen-, Sicherheits- und Entwicklungspolitik europäischer Länder ergibt sich aus der hier vorgebrachten Überlegung – sozialen Frieden und politische Demokratie als Prozess und weniger als erwartetes Ergebnis zu werten – die Notwendigkeit, zuweilen auch mit solchen postkolonialen Regierungen interessengeleitete Kompromisse zu suchen (beispielsweise bei der Bewältigung von Migrationsfragen, vgl. Jakob und Schlindwein 2017), die in wichtigen Belangen Werte wie die des sozialen Friedens oder der liberalen Demokratie nicht teilen und sich vielleicht sogar schwerer Menschenrechtsverletzungen schuldig gemacht haben (Ägypten, Sudan, Kenia, Nigeria, Marokko, Algerien etc.). Eine solche Aufweichung von ethischen Standards für *Good Governance* in der internationalen Diplomatie scheint eine kaum vermeidbare Konsequenz der Globalisierung zu sein, durch die die kolonialen und postkolonialen Gesellschaften in ein eisernes Joch asymmetrischer Nutzenverteilung genötigt worden sind (vgl. Tetzlaff 2008; Lüders 2015).

Literatur

Abbink, John. 2018. Ethiopia. In *Africa Yearbook 2017*, hrsg. von Andreas Mehler und Henning Melber, 310–322. Leiden: Brill.

Acemoglu, Daron und James A. Robinson. 2012. *Why Nations Fail. The Origins of Power, Prosperity, and Poverty*. New York: Crown Business Random House.

Assmann, Aleida. 2018. *Der europäische Traum. Vier Lehren aus der Geschichte*. München: C. H. Beck.

Bauch, Jost. 2018. *Abschied von Deutschland. Eine politische Grabschrift*. Rottenburg: Kopp.

Böckenförde, Ernst-Wolfgang. 1976. Staat. Gesellschaft. Studien zur Staatstheorie und zum Verfassungsrecht. Freiheit. Frankfurt a. M.: Suhrkamp.

Berger, Peter L. 1996. *Individualisierung. Statusunsicherheit und Erfahrungsvielfalt*. Opladen: Leske & Budrich.

Böge, Friederike. 2018. Rückkehr in ein unbekanntes Land. *Frankfurter Allgemeine Zeitung* vom 17. Dezember 2018, S. 3.

Bollmann, Ralph und Corinna Budras. 2018. Reich und frustriert. Die Wirtschaft boomt. Trotzdem blüht der politische Radikalismus. Warum? *Frankfurter Allgemeine Zeitung* vom 16. September 2018, S. 19.

Borchmeier, Dieter. 2017. *Was ist Deutsch? Die Suche einer Nation nach sich selbst.* Berlin: Rowohlt.

Brown, Archie. 2018. *Der Mythos vom starken Führer. Politische Führung im 20. und 21. Jahrhundert.* Berlin: Propyläen Verlag.

Chang, Jung und Jon Halliday. 2005. *Mao. Das Leben eines Mannes, das Schicksal eines Volkes.* München: Karl Blessing Verlag.

Claessens, Dieter. 1992. *Kapitalismus und demokratische Kultur.* Frankfurt a. M.: Suhrkamp.

Dahl, Robert. 1989. *Democracy and its Critics.* New Haven: Yale University Press.

Debiel, Tobias (Hrsg.). 2018. *Entwicklungspolitik im Zeiten der SDGs. Essays zum 80. Geburtstag von Franz Nuscheler.* Duisburg: Stiftung Entwicklung und Frieden.

Des Forges, Alison. 2002. *Kein Zeuge darf überleben. Der Genozid in Ruanda.* Hamburg: Hamburger Edition.

Di Fabrio, Udo. 2015. *Schwankender Westen. Wie sich ein Gesellschaftsmodell neu erfinden muss.* München: C. H. Beck.

Fukuyama, Francis. 2019. *Identität. Wie der Verlust der Würde unsere Demokratie gefährdet.* 2. Aufl. Hamburg: Hofmann & Campe.

Geiselberger, Heinrich (Hrsg.). 2017. *Die große Regression. Eine internationale Debatte über die geistige Situation der Zeit.* Frankfurt a. M.: Suhrkamp.

Grill, Bartholomäus. 2018. Äthiopien. Ein afrikanisches Märchen. *Der Spiegel* vom 4. August 2018, S. 90–92.

Grill, Bartholomäus. 2019. Aufbruch der Frauen. *Der Spiegel* vom 23. Februar 2019, S. 96–98.

Heitmeyer, Wilhelm (Hrsg.). 1997. *Was treibt die Gesellschaft auseinander?* Frankfurt a. M.: Suhrkamp.

Höffe, Otfried. 1999. *Demokratie im Zeitalter der Globalisierung.* München: C. H. Beck.

Huntington, Samuel. 1991. *The Third Wave. Democratization in the Late Twentieth Century.* Norman: University of Oklahoma Press.

Illouz, Eva. 2017. Vom Paradox der Befreiung zum Niedergang der liberalen Eliten. In *Die große Regression. Eine internationale Debatte über die*

geistige Situation der Zeit, hrsg. von Heinrich Geiselberger, 93–116. Frankfurt a. M.: Suhrkamp.
Inglehart, Ronald und Christian Welzel. 2008. *Modernization, Cultural Change and Democracy. The Human Development Sequence.* Cambridge: Cambridge University Press.
Jakob, Christian und Simone Schlindwein. 2017. *Diktatoren als Türsteher Europas. Wie die EU ihre Grenzen nach Afrika verlagert.* Berlin: Ch. Links Verlag.
Justenhoven Heinz-Gerhard. 2018. Statebuilding – Widerspruch zu politischer Selbstbestimmung? Friedensethische Annäherung an ein vernachlässigtes Problem. In *Jahrbuch für Christliche Sozialwissenschaften. Bd. 59*, hrsg. von Marianne Heimbach-Steins, 155–176. Münster: Aschendorff Verlag.
Kippenberg, Hans G. 2008. *Gewalt als Gottesdienst. Religionskriege im Zeitalter der Globalisierung.* Bonn: Bundeszentrale für politische Bildung.
Knauß, Ferdinand. 2018. *Merkel am Ende. Warum die Methode Angela Merkels nicht mehr in unsere Zeit passt.* München: Finanzbuchverlag.
Krastev, Ivan. 2017. *Europadämmerung.* Frankfurt a. M.: Suhrkamp.
Kreuter, Marie-Luise. 2010. Äthiopien von innen und außen, gestern und heute. Norderstedt: Rolf P. Schwiedrzik-Kreuter.
Lange, Dirk (Hrsg.). 2011. *Entgrenzungen. Gesellschaftlicher Wandel und politische Bildung.* Schwalbach/Ts.: Wochenschau Wissenschaft.
Leggewie, Claus. 2017. *Europa zuerst.* Berlin: Ullstein Verlag.
Levitsky, Steven und Daniel Ziblatt (Hrsg.). 2018. *How Democracies Die.* New York: Crown.
Lüders, Michael. 2015. *Wer den Wind sät. Was westliche Politik im Orient angerichtet hat.* München: C. H. Beck.
Massing, Peter, Gotthard Breit und Hubertus Buchstein (Hrsg.). 2017. *Demokratietheorien.* 9. Aufl. Schwalbach im Ts.: Wochenschau-Verlag.
Merkel, Reinhard. 2017. Wir können allen helfen. Wie man das Gute will, aber das Böse schafft: Die deutsche Flüchtlingspolitik ist ein moralisches Desaster. *Frankfurter Allgemeine Zeitung* vom 22. November 2017, S. 8–9.
Merkel, Wolfgang und Johannes Gerschewski. 2011. Autokratien am Scheideweg. Ein Modell zur Erforschung diktatorischer Regime. *WZB-Mitteilungen* (133): 21–24.
Nachtwey, Oliver. 2017. Entzivilisierung. Über regressive Trendenzen in westlichen Gesellschaften. In *Die große Regression. Eine internatio-*

nale Debatte über die geistige Situation der Zeit, hrsg. von Heinrich Geiselberger, 215–232. Frankfurt a. M.: Suhrkamp.

Niggli, Peter (Hrsg.). 1992. *Die verpasste Chance. Äthiopien nach Mengistu. Die Wahlen von Juni 1992.* Köln: Heinrich-Böll-Stiftung.

Perry, Alex. 2018. *Afrika. Reise in die Zukunft.* Frankfurt a. M.: Fischer.

Reinhard, Wolfgang. 2002. *Geschichte der Staatsgewalt.* München: C. H. Beck.

Rifkin, Jeremy. 2004. *The European Dream.* New York: Penguin.

Rosanvallon, Pierre. 2017. *Die Gegendemokratie. Politik im Zeitalter des Misstrauens.* Hamburg: Hamburger Edition.

Sapper, Manfred und Volker Weichsel (Hrsg.). 2018. Unterm Messer. Der illiberale Staat in Ungarn und Polen. *Osteuropa* 2018 (3-5).

Schreyer, Paul. 2018. *Die Angst der Eliten. Wer fürchtet die Demokratie?* Frankfurt a. M.: Westend Verlag.

Senghaas, Dieter. 1998. *Zivilisierung wider Willen.* Frankfurt a. M.: Suhrkamp.

Sieferle, Rolf Peter. 2017. *Das Migrationsproblem. Über die Unvereinbarkeit von Sozialstaat und Masseneinwanderung.* Dresden: Die Werkreihe von Tumult.

Simmel, Georg. 1908. *Soziologie. Untersuchungen über die Formen der Vergesellschaftung.* Leipzig: Dogma.

Smith, Stephen. 2018. *Nach Europa! Das junge Afrika auf dem Weg zum alten Kontinent.* Berlin: edition. fotoTAPETA

Stegemann, Bernd. 2017. *Das Gespenst des Populismus. Ein Essay zur politischen Dramaturgie.* Berlin: Theater der Zeit.

Strittmatter, Kai. 2018. *Die Neuerfindung der Diktatur. Wie China den digitalen Überwachungsstaat aufbaut und uns damit herausfordert.* München: Piper.

Tetzlaff, Rainer (Hrsg.). 2000. *Weltkulturen unter Globalisierungsdruck. Erfahrungen und Antworten aus den Kontinenten.* Bonn: Dietz Verlag.

Tetzlaff, Rainer. 2006. Global Governance: Die lautlose Steuerung internationaler Interdependenzen. In *Global Governance für Entwicklung und Frieden*, hrsg. von der Stiftung Entwicklung und Frieden, 82–101. Bonn: Dietz-Verlag.

Tetzlaff, Rainer. 2008. *Afrika in der Globalisierungsfalle.* Wiesbaden: VS Verlag für Sozialwissenschaften.

Tetzlaff, Rainer. 2011. Die kulturelle Dimension der Globalisierung: Kulturen in der Weltgesellschaft. In *Politische Bildung in der Welt-*

gesellschaft, hrsg. von Wolfgang Sander und Annette Scheunpflug, 89–110. Bonn: Bundeszentrale für politische Bildung.

Tetzlaff, Rainer. 2016. *Der Islam, die Rolle Europas und die Flüchtlingsfrage. Islamische Gesellschaften und der Aufstieg Europas in Geschichte und Gegenwart*. Opladen: Verlag Barbara Budrich.

Tetzlaff, Rainer. 2018. *Afrika. Eine Einführung in Geschichte, Politik und Gesellschaft*. Wiesbaden: Springer VS.

Uhlig, Siegbert, David Appleyard, Alessandro Bausi, Wolfgang Hahn und Steven Khan (Hrsg.) 2017. *Ethiopia. History, Culture and Challenges*. Berlin: LIT und East Lansing: Michigan State University Press.

Welzer, Harald. 2016. *Die smarte Diktatur. Der Angriff auf unsere Freiheit*. Frankfurt a. M.: Fischer.

Yew, Lee Kuan. 2000. *From Third World to First. The Singapore Story 1965–2000*. New York: Harper Collins.

Teil 2

**Potenziale der Zivilgesellschaft
für einen gerechten Frieden**

Überlegungen zum Begriff der Zivilgesellschaft

Ansgar Klein

1 Einleitung

Der Begriff der Zivilgesellschaft hat sich seit den 1970er Jahren im politischen Diskurs mehr und mehr verankert. Wurde er zunächst von den links-libertären sozialen Bewegungen, der Frauenbewegung, den Bürgerbewegungen sowie den internationalen NGOs auch aus Gründen einer notwendigen Selbstverortung jenseits von Staat und Markt entwickelt (vgl. Klein 2001), steht der Begriff aktuell vor der Herausforderung, mit der Besetzung der zivilgesellschaftlichen Handlungsräume auch durch rechtspopulistische und menschenfeindliche Akteure umgehen zu müssen.[1]

Erforderlich hierfür sind eine klare Unterscheidung analytischer und normativer Dimensionen des Begriffsverständnisses und eine Klärung ihres Zusammenhangs. Der Beitrag skizziert zunächst den Handlungsraum der Zivilgesellschaft und dessen Akteure. Dominierte in der deutschen Begriffsverwendung lange

---

[1] Dieser Beitrag ist eine stark aktualisierte und ergänzte Fassung von Klein (2011).

Zeit der Begriff der bürgerlichen Gesellschaft in der Tradition von Georg Wilhelm Friedrich Hegel und Karl Marx, so unterscheidet das seit den 1970er Jahren entstehende neuere Begriffsverständnis von Zivilgesellschaft stärker zwischen Wirtschaft, Staat und Zivilgesellschaft.

Analytisch umfasst der Begriff der Zivilgesellschaft spezifische intermediäre Handlungsräume. Normativ beansprucht er das Erbe sowohl einer republikanischen wie auch einer politisch-liberalen Demokratietheorie. Angesichts einer Konjunktur rechtspopulistischer und menschenfeindlicher Akteure besteht ein Bedarf der Klärung des Umgangs zivilgesellschaftlicher Akteure mit unzivilen Akteuren in den eigenen Handlungsräumen. Die neuere Demokratietheorie hat auf das gewandelte Begriffsverständnis von Zivilgesellschaft reagiert. Insbesondere die jungen Politikfelder der Engagement- und Demokratiepolitik setzen hier an. Sie bemühen sich um ein Verständnis guter Rahmenbedingungen für zivilgesellschaftliche Akteure und eine „zivilgesellschaftliche Strukturpolitik". Die Zukunft der Demokratie erfordert eine vitale Zivilgesellschaft, die zugleich Möglichkeiten der Selbstbegrenzung mit Blick auf unzivile Orientierungen in den eigenen Handlungsarenen fortentwickelt und sich auch als Lernort einer „Civic Education" versteht.

2 Der Handlungsraum der Zivilgesellschaft und seine Akteure

In einem *bereichslogischen Verständnis* (vgl. Gosewinkel et al. 2004) lässt sich der Raum der Zivilgesellschaft idealtypisch abgrenzen von den Sphären des Staates, des Marktes und der Privatsphäre. Unter Zivil- oder Bürgergesellschaft wird unter Aufnahme unterschiedlicher Traditionslinien der Begriffsgeschichte (vgl. Schmidt

2007; Taylor 1993) die Gesamtheit der öffentlichen Assoziationen, Vereinigungen, Bewegungen und Verbände verstanden, in denen sich Bürgerinnen und Bürger auf freiwilliger Basis versammeln und Einfluss auf die politische Meinungsbildung nehmen. Zivilgesellschaft ist somit eine gesellschaftliche Sphäre jenseits des Staates, jedoch nicht jenseits des Politischen. Die für weitere Demokratisierung offene Zivilgesellschaft setzt ein Begriffsverständnis voraus, das die Zivilgesellschaft als einen politischen Raum konzipiert. Ideengeschichtliche Bezüge dieser repolitisierten Zivilgesellschaft bestehen zur „politischen Gesellschaft" der republikanischen Tradition. Aus der Tradition des politischen Liberalismus übernimmt das neuere Begriffsverständnis die prägende Unterscheidung von Staat und Gesellschaft.

Die Assoziationen der Zivilgesellschaft befinden sich in einem intermediären Raum der Öffentlichkeit *zwischen* Staat, Wirtschaft und Privatsphäre und stehen prinzipiell jedem offen. Neben den bezeichneten Organisationen und Assoziationen gehört auch ungebundenes Engagement (zum Beispiel Demonstrationen, Streiks, Petitionen oder Boykottmaßnahmen) zum zivilgesellschaftlichen Bereich, sofern es sich ebenfalls durch Freiwilligkeit, Öffentlichkeit, Gemeinschaftlichkeit sowie die Transzendierung privater Interessen auszeichnet. Doch bleibt Zivilgesellschaft abhängig vom staatlichen Schutz von Menschen- und Bürgerrechten und von einer Dezentralisierung ökonomischer Macht.

In einem *handlungslogischen Zugang* ist Zivilgesellschaft auf motivierende zivile Verhaltensstandards wie Toleranz, Verständigung, Kompromissbereitschaft, Gewaltfreiheit, aber auch auf eine über das rein private Interesse hinausgehende Orientierung am Gemeinsinn angewiesen. Als utopisches Moment kann das selbstregierte demokratische Zusammenleben gelten (vgl. Definitionen bei Kocka 2003; Pollack 2003; Adloff 2005).

3 Von der bürgerlichen Gesellschaft zur Zivilgesellschaft – zur neueren Begriffsgeschichte

Im klassischen alteuropäischen Verständnis ist das „Haus" die maßgebliche ökonomische Einheit und Grundlage gesellschaftlicher Beziehungen (vgl. Göhler und Klein 1991, S. 260ff.). Bürgerliche Gesellschaft ist die politisch-ständische Ordnung des Gemeinwesens, die sich über den Lebenskreis des Bürgers im Haus erhebt und in deren Herrschaftsform der Bürger eingebettet ist. Bürgerliche Gesellschaft ist von der politischen Herrschaftsform, dem „Staat", nicht abgelöst: *civitas*, *societas civilis* und *res publica* bezeichnen gleichermaßen die Gemeinschaft der Bürger, bürgerliche Gesellschaft ist so im klassischen Verständnis *societas civilis sive politica* (bürgerlich-politische Gesellschaft). Dieses bereits von Aristoteles formulierte Gesellschaftsmodell bleibt trotz aller Veränderungen der Herrschaftsstruktur bis weit in die Neuzeit hinein maßgeblich. Erst im 17. und 18. Jahrhundert führt die Emanzipation des Bürgertums zu einem strukturellen Umbruch. Bürgerliche Gesellschaft als politische Organisationsform der Bürger, in welche der private ökonomische Bereich ständisch abgestuft eingelagert ist, wird nun zum primär ökonomischen Betätigungsfeld des sich emanzipierenden Bürgertums, welches der politischen Staatsgewalt gegenübersteht.

Seitens des Bürgertums ist die Entwicklung umfassender Marktbeziehungen ein entscheidender Stimulus zur Herausbildung der modernen Gesellschaft. Gesellschaft als horizontales Interaktionsmuster gegenüber der zentralisierten Staatsgewalt entsteht, wenn die Wirtschaft von dem Prinzip der Eigenversorgung durch vorwiegend häusliche Produktion und regionalen Gütertausch zu einer durch Arbeitsteilung bedingten, durch Manufakturen und Fabriken forcierten durchgängigen Verflechtung von Märkten gelangt. Die moderne bürgerliche Gesellschaft konstituiert sich somit durch die Prinzipien von Eigentum, Markt und Kapital. Die Ökonomie erhält einen zentralen Stellenwert im menschlichen Zusammenleben.

Im 19. Jahrhundert ist die bürgerliche Gesellschaft – nach den Entwicklungsschüben der englischen Revolution im 17. Jahrhundert und der amerikanischen und französischen Revolution im 18. Jahrhundert – so weit ausgebildet, dass ihre Ordnungsprinzipien in West- und Mitteleuropa zu realen politischen und sozialen Bestimmungsfaktoren geworden sind: rechtliche Gleichheit der Staatsbürger, konstitutionell gesicherte politische Mitwirkungsmöglichkeiten und die Erlangung der gesellschaftlichen Position durch berufliche Leistung. An die Stelle einer berufsständisch oder durch ererbte Privilegien vorgegebenen Hierarchie tritt ein durch Besitz, Stellung im Produktionsprozess und Bildungsniveau definiertes, prinzipiell durchlässiges soziales Gefüge. An die Stelle überkommener korporativer Bindungen tritt der Individualismus als maßgebendes Prinzip sozialer Beziehungen.

Charakteristische Organisationsform der bürgerlichen Gesellschaft ist der freie Zusammenschluss in Vereinen, Assoziationen und Gesellschaften. Mit der Dekorporierung sind für die Individuen neue, durchgängige Orientierungen erforderlich. Sie finden sich in gesamtgesellschaftlich auftretenden politischen und sozialen Bewegungen mit ihren Ideen und Ideologien (Liberalismus, Konservatismus, Sozialismus etc.). Mit der Herausbildung der bürgerlichen Gesellschaft ist eine zunehmend organisierte Interessenwahrnehmung miteinander konkurrierender sozialer Großgruppen verbunden, die über das Bürgertum hinausgehend alle Schichten und Klassen in ihren vielfältigen Frontstellungen umfasst. Hier liegt der Ursprung des modernen Parteiwesens, das soziale Interessen in weltanschaulich begründeter Programmatik vertritt und auf diese Weise der Allgemeinheit zu dienen beansprucht.

Einer entstehenden bürgerlichen Öffentlichkeit fällt die Aufgabe zu, gesellschaftliche Praxis horizontal im Prinzip der Publizität zu vermitteln. Die sich auf eine Infrastruktur freier Assoziationen stützende bürgerliche Öffentlichkeit soll die Vermittlung partikularer Interessen und einer aufs Allgemeine gerichteten Vernunft ermöglichen. Die normative Idee der Öffentlichkeit verbindet das Prinzip der Volkssouveränität mit dem Anspruch auf eine vernünftige Selbstgesetzgebung, welche infolge eines tiefgreifenden Säkularisierungsprozesses nicht mehr durch göttliche Vernunft garantiert werden kann. Bürgerliche Öffentlichkeit leistet so die interne Verkopplung einer sich in kollektiven Willensbildungsprozessen realisierenden Freiheit mit der Idee der Rationalität. Da die deliberative Öffentlichkeit im öffentlichen Räsonnement des (bildungs-)bürgerlichen Publikums nicht nur ästhetische oder philosophische, sondern auch politische Fragen verhandelt, bindet sie die politische Entscheidungsfindung an die Legitimitätsstandards guter Gründe.

In der bürgerlichen Gesellschaft wird der Begriff des Bürgers doppeldeutig. Ursprünglich „Stadtbürger" bezeichnet er nun einerseits in politischer Verallgemeinerung den „Staatsbürger" (*citoyen*), andererseits spezifiziert er den Bürger als Angehörigen eines besonderen Standes in Abgrenzung gegen Adel, Geistlichkeit und Bauernstand durch seine „Bürgerlichkeit". Sie drückt sich in Kultur und Lebensführung des Bürgertums, aber auch in seinen gesellschaftlichen Ordnungsvorstellungen als eine eigene Identität aus. Bürgerlichkeit als Lebensform, aber auch als leitende utopische Idee einer Gesellschaft der Freien und Gleichen – die Grundvorstellung des Liberalismus – ist Kennzeichen des Bürgertums als sozialer Formation, vornehmlich des Bildungsbürgertums und der bildungsinteressierten Geschäftsleute.

Mit der Abstreifung geburtsständischer Privilegien und der Ausprägung einer Identität der „Bürgerlichkeit" ist die bürgerliche Gesellschaft freilich zugleich Klassengesellschaft. Der Bürger als *bourgeois* (Wirtschaftsbürger) steht, bedingt durch seine ökonomischen Interessen der Eigentumssicherung und der uneingeschränkten unternehmerischen Freiheit, aber auch durch sein Bildungsverständnis, zunehmend in Defensive gegenüber den zunächst ausgeschlossenen, aber unaufhaltsam nachdrängenden Unterschichten. Die bürgerliche Gesellschaft gerät damit in offenen Widerspruch zu ihrem eigenen normativen Anspruch, den das liberale Bürgertum im 19. Jahrhundert nicht zu lösen vermag.

Dominierte in der deutschen Begriffsverwendung lange Zeit der Begriff der bürgerlichen Gesellschaft in der Tradition von Hegel und Marx, so unterscheidet das seit den 1970er Jahren entstehende neuere Begriffsverständnis von Zivilgesellschaft stärker zwischen Wirtschaft, Staat und Zivilgesellschaft.[2] In der angelsächsischen Theorietradition, an die diese Entwicklung nunmehr anschließt, war die *civil society* ideengeschichtlich immer schon von einem anderen begrifflichen Zuschnitt. Da Kontinentaleuropa historisch mit der Tradition eines starken Staates konfrontiert war, ist hier das Konzept der „bürgerlichen Gesellschaft" immer auch um Abgrenzung der Gesellschaft vom Staat bemüht gewesen und hat sich in einer sehr stark etatistischen Theorietradition zu verorten und abzugrenzen gehabt. Da im Angelsächsischen dieser starke Staat aus historischen Gründen nicht den exponierten theoretischen Bezugspunkt bildete, finden wir in den Konzepten der *civil society* seit John Locke und der schottischen Moralphilosophie bereits das Bemühen, in ganz eigenständiger Weise die zivilisierende Kraft

---

2 Vgl. Cohen und Arato (1992); Habermas (1992) und Klein (2001, S. 19ff.); zum neueren Verständnis des Verhältnisses von Wirtschaft und Zivilgesellschaft vgl. Adloff et al. (2016).

gesellschaftlicher Entwicklungen zu beschreiben und deren Folgen für Wirtschaft und Staat zu analysieren.

Der neuere Diskurs zur Zivilgesellschaft erhält seine Dynamik im Kontext von Selbstverständigungsdiskursen demokratischer Akteure. In den *Zivilgesellschaftsdiskussionen in Ostmitteleuropa* dominiert eine antitotalitäre Stoßrichtung. Sie unterstreicht den freiheitsverbürgenden Sinn der Trennung von Staat und Gesellschaft, der den Diskurs der Zivilgesellschaft insgesamt normativ prägt. Eines der am weitesten verbreiteten Missverständnisse in der Rezeption des Zivilgesellschaftsdiskurses ist die Auffassung, er habe seine maßgeblichen Impulse *vor allem* aus Ostmitteleuropa erhalten. Demgegenüber ist die Eigenständigkeit der westlichen Zivilgesellschaftsdebatte zu unterstreichen.

Eine besondere Bedeutung haben in diesem Zusammenhang die sogenannten *neuen sozialen Bewegungen*. Diese links-libertär orientierten Akteure suchen nach normativen Bezugspunkten und ordnungspolitischen Deutungsrahmen ihrer eigenen Aktivitäten und ihres Akteursstatus, den sie als einen politischen Status gegenüber den Parteien und Verbänden des Systems der Interessenvermittlung reklamieren. Der Diskurs der Zivilgesellschaft wird daher in den westlichen Demokratien zu einem ordnungspolitischen Deutungsrahmen der neuen sozialen Bewegungen und auch – mit einem transnationalen Akzent – der NGOs.

Mit der Parole der *neuen Frauenbewegung* „das Private ist politisch" wurden geschlechtsspezifische Arbeitsteilung, Rollenmuster und Ungleichheiten hinterfragt und grundlegende Abgrenzungen der politischen Ideengeschichte zwischen Privatsphäre, Zivilgesellschaft und Staat infrage gestellt. Galt im klassischen Republikanismus der *oikos*, das Haus, noch als unhinterfragte Voraussetzung der Bürgertugenden einer Polis der Männer, so wird in den Konzeptdebatten der neuen Frauenbewegung zur Zivilgesellschaft die Familie zur Urform einer nach Kriterien von individuellen Autonomieansprüchen zu bewertenden Assoziation der Zivilgesellschaft. Unhintergehbar wird im Kontext dieser Diskussionen zumindest die Einsicht, dass der Raum des Privaten historisch wandelbaren Grenzziehungen unterliegt, die selber einen politischen Charakter besitzen.

Einen weiteren bedeutenden aktuellen Verwendungskontext des Konzepts der Zivilgesellschaft stellt die Debatte über die *transnationale* beziehungsweise *internationale Zivilgesellschaft* dar. Die Protagonisten dieser Diskussion kommen vor allem aus der Gesellschaftspolitik. NGOs und globalisierungskritische Bewegungen beziehen sich auf ein Konzept internationaler Zivilgesellschaft und verstehen sich zumeist selber als deren Akteure. Ausgangspunkt ist die von der internationalen Politikforschung seit 1989 festgestellte Entwicklung eines zunehmenden Einflussgewinns der „Gesellschaftswelt" in einer Politikarena, in der zuvor die „Staatenwelt" gleichsam als Monopolist agieren konnte. Empirisch variiert der Einfluss zivilgesellschaftlicher Akteure auf politische Entscheidungsprozesse – konzeptionell in der Politikwissenschaft als Wandel von *government* zu *governance* reflektiert. Das Konzept der internationalen Zivilgesellschaft öffnet normativ den Blick auf die Entwicklung transnationaler Netzwerke und die dort möglichen Lern- und Sozialisationsprozesse mit ihren Folgen für ein gemeinsames normatives Hintergrundverständnis, auf Prozesse der Herausbildung einer transnationalen Öffentlichkeit mit ihren Strukturen und deren Folgen für die öffentliche Meinungsbildung sowie auf die Einflussnahme der *public interest*-Organisationen und NGOs auf die politische Entscheidungsfindung. Der Einfluss der Zivilgesellschaft auf die Demokratisierung der Weltgesellschaft dürfte aus einer analytisch-empirischen Perspektive insbesondere bei der Beratung der Normen und Ziele für die globale Regulation und Rahmensetzung und bei der Überwachung und Kontrolle der Einhaltung dieser Normen durch die unterschiedlichsten zivilgesellschaftlichen Akteure liegen, während die Koordination und Gewährleistung der Regulation des Globalisierungsprozesses eine zentrale Aufgabe der Staaten und der internationalen Institutionen bleiben.

4 Analytische und normative Dimensionen des Begriffsverständnisses

Begriff und Konzept der Zivilgesellschaft haben eine normative und eine analytische Dimension. Normativ schließt das neuere Begriffsverständnis an den politischen Liberalismus und auch an das ideengeschichtliche Erbe des Republikanismus an. In der politischen Soziologie sind analytische Anschlüsse an das normative Konzept der Zivilgesellschaft bei der Untersuchung des breiten Spektrums politischer Akteure, des sogenannten Dritten Sektors gemeinnütziger *Nonprofit*-Organisationen (vgl. Zimmer und Priller 2004), von wachsender Bedeutung (vgl. Klein 2008).

Eine analytische und empirische Vermessung realer Zivilgesellschaften ist zwangsläufig ein Vorhaben interdisziplinärer Art und erfordert zudem den Einbezug des Praxiswissens.[3] Die politische Soziologie kann etwa Handlungslogik und Organisationsformen zivilgesellschaftlicher Akteure – von Vereinen über Bürgerinitiativen und soziale Bewegungen bis zu Verbänden und Parteien – untersuchen (vgl. Klein 2008), die *Governance*-Forschung die sich wandelnden Strukturen von Entscheidungsprozessen, die Netzwerkforschung die Interaktion der Akteure und die Rechtswissenschaften die Auswirkungen staatlicher Organisationsvorgaben. Das Verhältnis zwischen Wirtschaft und Zivilgesellschaft

---

3 Zu den Aufgaben einer inter- und transdisziplinären Zivilgesellschaftsforschung vgl. Klein et al. (2014).

– genannt seien die Stichworte *Corporate Volunteering, Corporate Citizenship* oder *Corporate Social Responsibility* – gewinnt in den Diskussionen der Wirtschaftsethik, der Verbraucherforschung, der Wirtschaftssoziologie etc. zunehmend an Gewicht.

Schließlich spielen Konzepte von Bürger- und Zivilgesellschaft auch in den aktuellen politischen Diskussionen eine Rolle: Es zeichnen sich Konturen einer Engagement- und Demokratiepolitik ab (vgl. Enquete-Kommission 2002; Evers et al. 2003; Olk et al. 2010), in denen das Konzept der Zivil- oder Bürgergesellschaft den Referenzpunkt der neueren reformpolitischen Diskussionen bildet (vgl. Rödel et al. 1989; Schmalz-Bruns 1995; Roth 2009). Dies gilt auch für die aktuelle Diskussion über die sozialen Integrationspotenziale moderner Gesellschaften (zum Sozialkapital vgl. Putnam 1993, 2000; Klein et al. 2004).

Analytisch verweist Zivilgesellschaft auf vielfältige selbstorganisierte (auch informelle) Akteure in spezifischen intermediären Handlungsräumen, deren Voraussetzungen von Rechtsstaat und Demokratie institutionell abhängen. Zu diesen Voraussetzungen gehören eine kritische Öffentlichkeit, Meinungsfreiheit, Versammlungsfreiheit oder auch die staatliche Gewaltenteilung. Autoritäre Regime grenzen die Handlungsräume der Zivilgesellschaft (*civic spaces*) systematisch ein. Zivilgesellschaftliche Aktivistinnen und Aktivisten erfahren dann Behinderung, Bedrohung oder gar Gewalt wegen ihrer Arbeit.

Heute sind laut VENRO (2018), dem Verband Entwicklungspolitik und humanitäre Hilfe, 109 Länder von einem eingeschränkten zivilgesellschaftlichen Raum betroffen und nur drei Prozent der Weltbevölkerung lebt in Ländern, in denen dieser Raum als offen bezeichnet werden kann. Die zivilgesellschaftlichen Handlungsspielräume schrumpfen nicht nur in autoritären Regimen, sondern auch in Mitgliedstaaten der Europäischen Union wie Ungarn und Polen. Aktuell dienen, so VENRO, eine vorgebliche Anti-Terrorismus-Gesetzgebung oder auch wachsende administrative Hürden, unverhältnismäßige gesetzliche Kontrollen und Rechtsvorschriften gegen ausländische Finanzierung sowie Steuergesetze dazu, zivilgesellschaftliche Akteure finanziell auszutrocknen und zu kontrollieren. Zudem seien Versuche einiger Regierungen zu verzeichnen, Aktivistinnen und Aktivisten sowie NGOs zu kriminalisieren, zu inhaftieren oder psychisch und physisch zu bedrohen, wenn diese für die Regierung unbequem sind oder ein Hindernis für die Erfüllung ihrer wirtschaftlichen Interessen darstellen.

5 Zivilgesellschaftliche Selbstregulierungen

In Reaktion auf diese Entwicklungen haben in einem internationalen Austausch die zivilgesellschaftlichen Akteure, koordiniert vom *International Civil Societey Centre*, den Rahmen ihrer zivilen Rechte und Freiheiten vor dem Hintergrund der neueren Entwicklungen in einer „Civic Charter" selbst definiert (vgl. International Civil Society Centre 2018).

Die notwendigen Handlungsspielräume für zivilgesellschaftliche Akteure werden mit Blick auf deren Funktionen verständlich: Sie sind Wächter (beispielsweise Verbraucherschutz), Themenanwalt (Naturschutz, Bürgerrechtsgruppen, Gewerkschaften etc.), Dienstleister (Wohlfahrtswesen, Bildung etc.) sowie Mittler (Dachverbände, Förderstiftungen etc.) und dienen der Selbsthilfe (Patientenselbsthilfen, Sport etc.), Gemeinschaftsbildung (Religionsgemeinschaften, Laienmusik, Brauchtumsvereine etc.) und politischen Mitgestaltung (politische Parteien, Thinktanks etc.) (vgl. Strachwitz 2018).

In den Handlungsräumen der Zivilgesellschaft stoßen wir freilich auch auf eine wachsende Anzahl von Akteuren, deren Handlungsorientierungen als unzivil und antidemokratisch bezeichnet werden müssen (vgl. Roth 2003). Daher ist es im Sinne einer zivilgesellschaftlichen Verantwortung für die eigenen Handlungsräume und -grundsätze notwendig, Kriterien zur Beurteilung der zivilgesellschaftlichen Qualität des Handelns zu formulieren.

Rupert Graf Strachwitz hat vor diesem Hintergrund „Kriterien einer guten Zivilgesellschaft" zusammengefasst: Auszugehen ist vom Prinzip der zivilgesellschaftlichen Selbstorganisation, das sich aus dem Verständnis des Menschen in seiner grundsätzlichen Freiheit begründet und dieses Verständnis auch auf die diese Freiheiten ermöglichende staatliche Ordnung überträgt. Daraus leiten sich der Grundsatz einer umfassenden Subsidiarität, der Respekt vor anderen Positionen und Lebensentwürfen sowie ein grundlegendes Bekenntnis zu einer pluralistischen Gesellschaft ab.

In einem „gewissen Umfang sogar justitiabel" erscheinen als Kriterien ferner folgende Grundprinzipien: Menschen- und Bürgerrechte, Herrschaft des Rechts, Demokratie und kulturelle Vielfalt. Wer sich zu alldem nicht bekennen kann, wird kaum als gute Zivilgesellschaft Akzeptanz finden. Zu diesen fundamentalen Prinzipien treten weitere, die Gegenstand von Diskussionen sind. Hierzu zählen beispielsweise das Recht auf freie Assoziation, das Bekenntnis zu Transparenz und der Grundsatz der offenen Gesellschaft, wonach Akteure, die für das Gemeinwohl zu arbeiten vorgeben, der Öffentlichkeit ihre Ziele, Finanzierung und Entscheidungswege offenzulegen haben. (vgl. Strachwitz 2018, S. 5; auch FES 2017)

Wer sich engagiert, möchte – so der im Freiwilligensurvey der Bundesregierung auch 2014 wieder erhobene Befund – die Gesellschaft zumindest im Kleinen gestalten (vgl. BMFSFJ 2016). Die vielfältigen Engagementformen und -praxisfelder sind immer auch erfahrungs- und handlungsbezogene Lernorte, in denen aktive Bürgerinnen und Bürger prodemokratische Haltungen und Werte auch im Umgang mit Konflikten erlernen können. Doch ist dies ein offener Prozess, der der Begleitung, Fortbildung und Reflexion gemachter Erfahrungen bedarf wie auch in Beratungsprozessen unterstützt werden muss. Daher ist eine das praktische und vielfältige Engagement begleitende *Civic Education* eine nicht abweisbare Zukunftsaufgabe der politischen Bildung (vgl. Klein 2013).

Für die Zivilgesellschaften in Autokratien und autoritären Regimen gilt es, die Übergänge von Dissidenz zu offen und öffentlich auftretenden Formen zivilgesellschaftlicher Einflussnahme klug zu steuern. Demokratische Transformationsprozesse und entsprechende Allianzbildungen mit Teilen eines sich liberalisierenden Regimes sind möglich, aber eben auch weitere Stabilisierungsprozesse autoritärer Regime: Spaltungen innerhalb der Zivilgesellschaft und der Umgang mit vom Regime instrumentierten Formationen der Zivilgesellschaft stellen ernste Herausforderungen dar. Im Umgang mit diesen Herausforderungen können auch internationale Netzwerke von Partnern und Unterstützern wichtige Beiträge zu einer gemeinsamen Entwicklung von Zivilgesellschaft und Demokratie leisten.

6 Fazit

Die Zukunft der Demokratie (vgl. Forschungsjournal Soziale Bewegungen 2018) erfordert eine vitale Zivilgesellschaft, die ihre Handlungs- und Erfahrungsräume reflexiv begleitet und sich gegen Intoleranz, Gewalt und Menschenfeindlichkeit selbstbegrenzend verhält. Der Aufbau von Bildungslandschaften unter Einbezug des informellen und non-formalen Lernens und des handlungs- und erfahrungsbezogenen Lernens bietet dazu gute Möglichkeiten. Dies stellt zugleich große Herausforderungen für die politische Bildung und die das Engagement begleitenden zivilgesellschaftlichen Infrastrukturen dar.

Autoritäre Regime, aber auch von diesen instrumentierte zivilgesellschaftliche Akteure stellen ernst zu nehmende Herausforderungen für Liberalisierungs- und Demokratisierungsprozesse dar. Hier liegen auch wichtige Ansatzpunkte für Unterstützung und Partnerschaft in internationalen Netzwerken.

Literatur

Adloff, F. 2005. *Zivilgesellschaft. Theorie und politische Praxis*. Frankfurt a. M.: Campus.

Adloff, Frank, Ansgar Klein und Jürgen Kocka. 2016. Kapitalismus und Zivilgesellschaft. Einleitung in den Themenschwerpunkt. *Forschungsjournal Soziale Bewegungen. Analysen zu Demokratie und Zivilgesellschaft* 29 (3): 14–21.

Bundesministerium für Familie, Senioren, Frauen und Jugend (BMFSFJ). 2016. *Freiwilliges Engagement in Deutschland. Der Deutsche Freiwilligensurvey 2014*. Berlin: BMFSFJ.

Cohen, Jean und Andrew Arato. 1992. *Civil Society and Political Theory*. Cambridge: MIT Press.

Enquete-Kommission „Zukunft des Bürgerschaftlichen Engagements" des Deutschen Bundestages. 2002. *Bericht: Bürgerschaftliches Engagement: Auf dem Weg in eine zukunftsfähige Bürgergesellschaft*. Opladen: Leske + Budrich.

Evers, Adalbert, Karin Kortmann, Thomas Olk und Roland Roth. 2003. Engagementpolitik als Demokratiepolitik. Reformpolitische Perspektiven für Politik und Bürgergesellschaft. In *Demokratische Zivilgesellschaft und Bürgertugenden in Ost und West*, hrsg. von Gerhard Lohmann, 153–164. Frankfurt a. M.: Peter Lang Verlag.

Friedrich-Ebert-Stiftung (FES). 2017. *Gutes Engagement für eine demokratische Zivilgesellschaft. Impuls der Steuerungsgruppe des Arbeitskreises „Bürgergesellschaft und Demokratie"*. Berlin: FES.

Forschungsjournal Soziale Bewegungen. 2018. Zukunft der Demokratie. 31 (1-2). Berlin: De Gruyter.

Göhler, Gerhard und Ansgar Klein. 1991. Politische Theorien des 19. Jahrhunderts. In *Politische Theorien von der Antike bis zur Gegenwart*, hrsg. von Hans-Joachim Lieber, 259–656. München: Olzog Verlag.

Gosewinkel, Dieter, Dieter Rucht, Wolfgang van den Daele und Jürgen Kocka. 2004. Einleitung: Zivilgesellschaft – national und transnational. In *Zivilgesellschaft – national und transnational*, hrsg. von Dieter Gosewinkel, Dieter Rucht, Wolfgang van den Daele und Jürgen Kocka, 11–26. Berlin: Edition Sigma.

Habermas, Jürgen. 1992. *Faktizität und Geltung. Beiträge zur Diskurstheorie des Rechts und des demokratischen Rechtsstaats*. Frankfurt a. M.

International Civil Society Centre. 2018. Civic Carter. The Global Framework für People's Participation. https://icscentre.org/wp-content/uploads/2018/04/Civic_Charter_-_The_Global_Framework_for_Peoples_Participation.pdf. Zugegriffen: 3. März 2019.

Klein, Ansgar. 2001. *Der Diskurs der Zivilgesellschaft. Politische Hintergründe und demokratietheoretische Folgerungen*. Opladen.: Leske + Budrich.

Klein, Ansgar. 2008. Zivilgesellschaft und Demokratie. Ideengeschichtliche, demokratietheoretische und politisch-soziologische Zugänge. *Forschungsjournal Neue Soziale Bewegungen* 21 (3): 189–238.

Klein, Ansgar. 2011. Zivilgesellschaft. In *Politische Theorie und Politische Philosophie*, hrsg. von Martin Hartmann und Claus Offe, 344–345. München: C. H. Beck.

Klein, Ansgar. 2013. Politische Bildung. In *Schule der Bürgergesellschaft. Bürgerschaftliche Perspektiven für moderne Bildung und gute Schulen*, hrsg. von Birger Hartnuß, Reinhild Hugenroth und Thomas Kegel, 113–123. Schwalbach/Ts.: Wochenschau Verlag.

Klein, Ansgar, Kristine Kern, Brigitte Geissel und Maria Berger. (Hrsg.). 2004. *Zivilgesellschaft und Sozialkapital. Herausforderungen politischer und sozialer Integration*. Wiesbaden: VS Verlag für Sozialwissenschaften.

Klein, Ansgar, Eckhard Priller und Rupert Graf Strachwitz. 2014. *Wir brauchen ein Zentrum für Zivilgesellschaftsforschung. Ein Dossier*. Berlin: Maecenata Institut für Philanthropie und Zivilgesellschaft.

Kocka, Jürgen. 2003. Zivilgesellschaft in historischer Perspektive. *Forschungsjournal Neue Soziale Bewegungen* 16 (2): 29–37.

Olk, Thomas, Ansgar Klein und Birger Hartnuß (Hrsg.). 2010. *Engagementpolitik. Die Entwicklung der Zivilgesellschaft als politische Aufgabe.* Wiesbaden: VS Verlag für Sozialwissenschaften.

Pollack, Detlef. 2003. Zivilgesellschaft und Staat in der Demokratie. *Forschungsjournal Neue Soziale Bewegungen* 16 (2): 46–58.

Putnam, Robert David. 1993. *Making Democracy Work. Civic Traditions in Modern Italy.* Princeton: Princeton University Press.

Putnam, Robert David. 2000. *Bowling Alone. The Collapse and Revival of American Community.* New York: Simon and Schuster.

Rödel, Ulrich, Günter Frankenberg und Helmut Dubiel. 1989. *Die demokratische Frage.* Frankfurt a. M.: Suhrkamp.

Roth, Roland. 2003. Die dunklen Seiten der Zivilgesellschaft. *Forschungsjournal Neue Soziale Bewegungen* 16 (2): 59–73.

Roth, Roland. 2009. Engagementförderung als Demokratiepolitik: Besichtigung einer Reformbaustelle. In *Engagementpolitik. Die Entwicklung der Zivilgesellschaft als politische Aufgabe*, hrsg. von Thomas Olk, Ansgar Klein und Birger Hartnuß, 611–636. Wiesbaden: VS Verlag für Sozialwissenschaften.

Schmalz-Bruns, Rainer. 1995. *Reflexive Demokratie. Die demokratische Transformation moderner Politik.* Baden-Baden: Nomos.

Schmidt, Jürgen (Hrsg.). 2007. *Zivilgesellschaft. Bürgerschaftliches Engagement von der Antike bis zur Gegenwart. Texte und Kommentare.* Reinbek: Rowohlt.

Strachwitz, Rupert Graf. 2018. Zivilgesellschaft – immer gut? *Maecenata Observatorium* (23).

Taylor, Charles. 1993. Der Begriff der „bürgerlichen Gesellschaft" im politischen Denken des Westens. In *Gemeinschaft und Gerechtigkeit*, hrsg. von Michael Brumlik und Hauke Brunkhorst, 117–148. Frankfurt a. M.: Fischer.

Verband Entwicklungspolitik und humanitäre Hilfe (VENRO). 2018. VENRO fordert die Bundesregierung auf: Stop #ShrinkingSpace!. http://blog.venro.org/venro-fordert-die-bundesregierung-auf-stopp-shrinkingspaces/. Zugegriffen: 3. März 2019.

Zimmer, Annette und Eckhard Priller. 2004. *Gemeinnützige Organisationen im gesellschaftlichen Wandel. Ergebnisse der Dritte-Sektor-Forschung.* Wiesbaden: VS Verlag für Sozialwissenschaften.

Transnationale religiöse Akteure am Beispiel der palästinensischen Boykott-Kampagne gegen Israel

Claudia Baumgart-Ochse

1 Einleitung

Religionen sind heute transnationaler denn je: vernetzt über neue Kommunikationstechnologien und verbesserte Mobilität, verbunden durch Solidarität und den Austausch von Informationen, Ressourcen und Personen, engagiert in den aktuellen Themenfeldern globaler Politik wie Frieden, Klimawandel oder Menschenrechte. Während religiöse Gemeinschaften und Organisationen innerhalb von Staaten seit langem Gegenstand der Forschung sind – insbesondere mit Blick auf ihr ambivalentes Verhältnis zu Konflikt und Gewalt – wissen wir über transnationale religiöse Akteure noch vergleichsweise wenig. Der Beitrag untersucht am Beispiel zweier christlicher Organisationen und ihrer Positionierung zur palästinensischen Boykott-Kampagne gegen Israel, wie und warum sich diese grundlegende Ambivalenz religiösen Handelns auch im transnationalen Bereich zeigt.

2 Religion und internationale Politik

In der internationalen Politik haftet der Religion noch immer ein denkbar schlechter Ruf an. Das hat eine Vielzahl von Gründen. So erzählt schon der Gründungsmythos des internationalen Systems, dass mit dem Westfälischen Frieden die Religion als Ursache von Kriegen und Konflikten aus den Beziehungen zwischen Staaten verbannt und so der Weg zu souveränen modernen Nationalstaaten und der Säkularisierung der internationalen Politik gebahnt worden sei (vgl. Cavanaugh 2009; Philpott 2000). Die großen sozialwissenschaftlichen Theorien der Moderne haben diesen Faden aufgegriffen und weitergesponnen: Ohne die Trennung von Religion und Politik, ohne die Säkularisierung von Herrschaft auch innerhalb der Staaten ist Moderne seither kaum zu denken. Die Säkularisierungstheorie, die nicht allein von der zunehmenden Separation religiöser und politischer Sphären und der Privatisierung von Religion ausging, sondern auch von ihrem generellen Verschwinden, gehört zu den wirkmächtigen europäischen Denktraditionen (vgl. Wallis und Bruce 1992; Casanova 1994). Und sie ist nicht allein eine Theorie, die die empirische Analyse anleitet, sondern sie entfaltet auch starke normative Kraft – namentlich die Vorstellung, dass Politik vernünftiger, kooperativer und friedlicher gestaltet werden kann, wenn Religion und religiöse Überzeugungen außen vor bleiben (vgl. Philpott 2002).

Als sich in den 1970er und 1980er Jahren abzeichnete, dass Religion keineswegs das öffentlich-politische Feld räumen würde – immer wieder zitierte Ereignisse und Entwicklungen sind die Islamische Revolution im Iran 1979, das Erstarken der konservativen Evangelikalen in den USA, aber auch die religiös konnotierten Konflikte in Nordirland und später auf dem Balkan –, wirkten die Sozialwissenschaften eher überrascht. Der Ton der wichtigsten Veröffentlichungen dieser Zeit klang alarmiert, er war das Echo der Modernisierungs- und Säkularisierungstheorien des 19. und 20. Jahrhunderts. Insbesondere Samuel Huntingtons Prognose, dass der Ost-West-Konflikt im 21. Jahrhundert durch einen Kampf der Kulturen abgelöst werde, die vor allem durch ihre religiöse Identität gekennzeichnet seien, prägt die Debatte bis heute (vgl. Huntington 1996). Die Debatte um den erstarkenden Fundamentalismus in verschiedenen Religionen weltweit tat das Ihrige, den Ruf der Religion in der internationalen und innerstaatlichen Politik zu verschlechtern.[1]

Erst allmählich entwickelte sich ein theoretisch und methodisch ausdifferenziertes Forschungsfeld, das sich den unterschiedlichen Facetten des Verhältnisses von Religion und Politik in der Gegenwart widmet. Themen sind beispielsweise die Gleichzeitigkeit von Säkularisierungs- und Desäkularisierungsprozessen (vgl. Riesebrodt 2014; Casanova 2008), die Frage nach der Rolle und Legitimität religiöser Argumente in gesellschaftlichen und politischen Debatten und Entscheidungsprozessen in einer „postsäkularen" Ära (vgl. Habermas 2006; May et al. 2014) und nicht zuletzt der Zusammenhang von Religion, Gewalt und Frieden. In letzterem Themenfeld finden sich sowohl eine Vielzahl quantitativer Studien zur Rolle von Religion in gewaltsamen Konflikten[2] als auch sehr instruktive Einzel- und vergleichende Fallstudien[3], die die ambivalente Rolle von religiösen Gemeinschaften, religiösen Normen und Glaubensinhalten in den Blick nehmen – das heißt sowohl ihre mitunter destruktive, konfliktfördernde Wirkung als auch ihre versöhnende, friedensstiftende Kraft. Der aktuelle Trend in

---

1 Darauf verweisen insbesondere auch die fünf Bände des *Fundamentalism Project* von Marty und Appleby (1991, 1993a, 1993b, 1994, 1995).
2 Jüngst etwa Bormann et al. (2017), Svensson und Nilsson (2018) sowie Basedau et al. (2016).
3 Vgl. De Juan und Hasenclever (2015), Hassner (2009), Appleby (2000), Weingardt (2007) sowie Philpott (2007).

dieser Forschung geht weg von den essenzialisierenden Theorien der 1990er Jahre, die der Religion an sich eine konfliktverschärfende Wirkung zuschrieben: aufgrund des Absolutheitsanspruchs ihrer Normen und Dogmen und ihrer Fähigkeit, starke kollektive und teils exklusive, die Zeitläufte überdauernde Identitäten zu stiften, die dann in den Gegensatz zu anderen Gruppen geraten können. Vielmehr bemühen sich die meisten Forscherinnen und Forscher heute um einen reflexiven, religions- und kulturwissenschaftlich informierten Religionsbegriff (vgl. die Beiträge in Werkner 2016), der es erlaubt, die wechselseitige Konstituierung und Abhängigkeit von Religion und politisch-sozialem Kontext in den Blick zu nehmen. Insbesondere die Forschung, die unter dem Etikett der „postsäkularen internationalen Beziehungen" (Mavelli und Wilson 2016) firmiert, problematisiert gezielt die simplen Dichotomien, mit denen Religion bislang häufig beschrieben wurde: säkular versus religiös, rational versus irrational, individuell versus kollektiv, öffentlich versus privat. Studien zur Durchsetzung der Religionsfreiheit (Sullivan et al. 2015; Hurd 2015), zur Rolle der USA in einer postsäkularen Welt (Wilson 2012) oder zur Bedeutung religiöser Gruppen und Organisationen in der globalen Gerechtigkeitsbewegung (Baumgart-Ochse et al. 2017; Wilson und Steger 2013) zeigen vielmehr auf, dass der tradierte Religionsbegriff westlicher Sozialforschung die enge Verwobenheit von Religion und Politik weder in nicht-westlichen Gesellschaft angemessen erfassen kann, noch in den westlichen Gesellschaften selbst.

Cecelia Lynch (2009) beispielsweise schlägt einen neo-weberianischen Ansatz vor, der ein reflexives Religionsverständnis beinhaltet, das mit bedenkt, welche Auswirkungen unsere Definitionen und Kategorisierungen von „religiös" und „nicht-religiös" auf den Gegenstand selbst haben könnten. Lynch warnt zudem davor, die Wirkung von Religion auf politische Verhältnisse unmittelbar aus den theologischen Normen und Dogmen abzuleiten. Religiöse

Akteure, so Lynch, hätten vielmehr ihre eigene Vorstellung vom Gemeinwohl, die sie in den Bereichen Politik, Wirtschaft und Gesellschaft realisieren wollen. Diese Idee des Gemeinwohls, die sich an der religiösen Überlieferung orientiert und die ethischen Handlungsmaximen religiöser Akteure anleitet, bildet sich einerseits in der Auseinandersetzung mit den konkreten politischen, ökonomischen und sozialen Umständen heraus. Andererseits prägen religiöse Akteure mittels ihres gemeinwohlorientierten ethischen Handelns wiederum die Sphären von Politik, Wirtschaft und Gesellschaft, mit denen sie eng verwoben sind:

> "We can analyze these decisions about how to act as being based on a complex triangulation of appeal to religious texts and engagement with moral concerns within given political, social, and economic contexts from which lessons are drawn from more-or-less informal case-based reasoning" (Lynch 2009, S. 404).

Auch für das Verhalten von religiösen Akteuren in Konflikten gilt daher, dass Handlungsoptionen und -imperative nicht *ex ante* determiniert sind, sondern sich erst im Wechselspiel zwischen religiösem Horizont und aktueller Situationsdefinition ergeben. Wichtige Einflussfaktoren, die die Legitimation oder den Einsatz von Gewalt wahrscheinlicher machen, sind beispielsweise die Perzeption einer akuten Bedrohung der eigenen Religion oder religiösen Gemeinschaft durch äußere Gefahren (vgl. Laustsen und Waever 2003) sowie die Rolle einflussreicher religiöser oder politischer Eliten, die aus der Mobilisierung von Gläubigen einen materiellen oder machtpolitischen Nutzen ziehen (vgl. De Juan und Hasenclever 2009).

3 Transnationale religiöse Akteure

Die bisherige Forschung zur Rolle religiöser Akteure als Konflikttreiber oder Friedensstifter hat sich hauptsächlich mit Bürgerkriegen, seltener mit zwischenstaatlichen Kriegen (vgl. Gartzke und Gleditsch 2006) beschäftigt. Auf der transnationalen oder globalen Ebene sind es vor allem religiöse terroristische Netzwerke, die die Aufmerksamkeit auf sich gezogen haben (vgl. Juergensmeyer 2000; Stern 2003). Die Anschläge der islamistischen Al-Qaida am 11. September 2001 auf das *World Trade Center* und das Pentagon sowie in jüngster Zeit der gewaltsame Aufstieg des sogenannten Islamischen Staates in Syrien und Irak haben diesen Trend verstärkt. Bislang seltener in den Fokus der Forschung geraten sind transnationale religiöse Akteure, die sich gewaltlos – aber keineswegs konfliktfrei – in einer Vielzahl von Politikfeldern engagieren (vgl. Banchoff 2008). Viele Religionen waren schon immer in gewissem Sinne transnational, nicht zuletzt deshalb, weil sie aktiv darauf hinwirkten, neue Gläubige auch über ihren ursprünglichen Entstehungsraum hinaus zu gewinnen und geografisch zu expandieren (vgl. Wuthnow und Offutt 2008). Die Globalisierung hat weitere Prozesse in Gang gesetzt, die den transnationalen Charakter verstärken: Moderne Kommunikationstechnologien und geografische Mobilität ermöglichen es, dass sich religiöse Individuen und Gruppen auch über Kontinente hinweg als Teil einer großen, weltumspannenden religiösen Gemeinschaft wahrnehmen und in Kontakt zueinander treten (vgl. Levitt 2004; Casanova 2007). Analog zur lokalen oder innerstaatlichen Ebene verfolgen auch diese transnationalen religiösen Netzwerke ihre Vorstellung von Gemeinwohl, die sie aus dem Wechselspiel zwischen der Interpretation der eigenen religiösen Tradition und den vorgefundenen politischen, sozialen und ökonomischen Verhältnissen entwickeln. Daraus resultiert eine große Varianz von Positionen und Handlungen in unterschiedlichen Feldern globaler Politik wie Klimawandel (vgl. Glaab 2017; Glaab et al. 2019), Entwicklung und humanitäre Hilfe (vgl. Clarke 2019; Jones und Petersen 2011; Barnett und Stein 2012), Menschenrechte (vgl. Banchoff und Wuthnow 2011; Appleby 2003), internationale Strafjustiz und *transitional justice* (vgl. Braungart 2019; Boesenecker und Vinjamuri 2011) oder Flucht und Migration (vgl. Wong und Levitt 2014). Kippenberg (2013) sieht in der zunehmenden Bedeutung transnationaler religiöser Akteure auch eine mögliche Ressource, um dem Problem zerfallender Staatlichkeit im Globalen Süden etwas entgegenzusetzen. Die Transnationalisierung von Religion schlägt sich auch in ihrer erhöhten Sichtbarkeit in den Institutionen von *Global Governance* nieder. Parallel zum Bedeutungszuwachs nicht-religiöser zivilgesellschaftlicher Organisationen in der internationalen Politik seit den 1990er Jahren (vgl. Keck und Sikkink 1998; Risse et al. 1999) ist ein starker Anstieg religiös motivierter Nichtregierungsorganisationen in internationalen Organisationen wie den Vereinten Nationen zu verzeichnen, die den transnationalen Religionen auf der institutionellen Ebene globaler Politik ein Gesicht und eine Stimme geben, wie die quantitativen Daten verschiedener Forschungsprojekte zeigen (vgl. Baumgart-Ochse und Wolf 2019; Carrette und Miall 2017).

Tatsächlich bestätigt sich auch auf transnationaler und globaler Ebene die grundlegende These von der Ambivalenz religiösen Handelns (vgl. Appleby 2000): Religiöse Akteure, auch solche, die aus derselben religiösen Tradition oder Strömung stammen, stacheln mit ihren Positionen und Handlungen Konflikte an, polarisieren und verschärfen Debatten, und verhindern Kooperation und Verständigung; andere hingegen treten als Vermittler auf, suchen den Ausgleich und arbeiten aktiv auf Verständigung hin (vgl. Baumgart-Ochse und Wolf 2019). Zugleich wird deutlich, dass die These von der Ambivalenz allein nicht hinreichend ist.

So zeigt sich auch innerhalb von religiösen Gemeinschaften und Organisationen, dass Positionen umstritten sind und immer neu ausgehandelt werden müssen.

Im Folgenden sollen zwei Organisationen beispielhaft vorgestellt werden, die aus der gleichen Religion stammen, in ihrer Auseinandersetzung mit einem internationalen Konflikt – dem israelisch-palästinensischen Konflikt – aber zu sehr unterschiedlichen Auffassungen gelangen: der Ökumenische Rat der Kirchen (ÖRK) und *Christians United for Israel* (CUFI). Dabei handelt es sich um zwei sehr unterschiedliche Organisationen: Während der ÖRK eine Dachorganisation ist, die Kirchen unterschiedlicher Konfessionen und Denominationen weltweit umfasst und eine große Bandbreite von Themen bearbeitet, ist CUFI eine deutlich kleinere, konfessionell eng mit dem US-amerikanischen evangelikalen Protestantismus verbundene Lobby-Organisation, die hauptsächlich in den USA aktiv ist und sich nur mit einem Thema, der Unterstützung Israels, befasst. Dass diese Organisationen hier trotzdem für einen Vergleich herangezogen werden, obwohl sie sich von ihrer Organisationsstruktur eigentlich nicht für die vergleichende Analyse anbieten, liegt an ihrer Positionierung im christlichen Diskurs zur aktuellen Situation in Israel: Beide Organisationen können als die jeweils prominentesten und aktivsten Stimmen an den Enden des breiten Spektrums unterschiedlicher christlicher Positionen zu Israel und Palästina gelten. Insofern ist es lohnend, ihre Argumentationen zu vergleichen.

Die Analyse zeichnet nach, wie beide Organisationen ganz konkret auf den Aufruf der palästinensischen Zivilgesellschaft zu Boykott, De-Investition und Sanktionen gegen Israel reagiert haben. Dabei wird deutlich, dass Dissens nicht allein zwischen verschiedenen christlichen Organisationen – hier ÖRK und CUFI – besteht, sondern dass auch innerhalb dieser Organisationen und ihrer unterstützenden Milieus durchaus kein monolithischer

Konsens besteht, sondern Positionierungen immer neu ausgehandelt werden im Zusammenspiel von religiöser Tradition, der Vorstellung von Gemeinwohl und den politischen, sozialen und ökonomischen Gegebenheiten.

4 Der Aufruf zu Boykott, De-Investition und Sanktionen gegen Israel

Am 9. Juli 2005 veröffentlichten Vertreterinnen und Vertreter der palästinensischen Zivilgesellschaft einen Aufruf zu „Boykott, De-Investition und Sanktionen" (*Boycott, Divestment, Sanctions*, BDS) gegen den Staat Israel. Mehr als 170 palästinensische zivilgesellschaftliche Gruppen unterzeichneten die Erklärung, die zivilgesellschaftliche Gruppen und Individuen weltweit dazu auffordert

> "to impose broad boycotts and implement divestment initiatives against Israel similar to those applied to South Africa in the apartheid era. We appeal to you to pressure your respective states to impose embargoes and sanctions against Israel" (www.bdsmovement.net).

Diese Maßnahmen sollten so lange aufrechterhalten werden, bis Israel das palästinensische Recht auf Selbstbestimmung anerkenne und seinen völkerrechtlichen Verpflichtungen nachkomme:

> "1. Ending its occupation and colonization of all Arab lands and dismantling the Wall, 2. Recognizing the fundamental rights of the Arab Palestinian citizens of Israel to full equality; and 3. Respecting, protecting and promoting the rights of Palestinian refugees to return to their homes and properties as stipulated in UN resolution 194" (www.bdsmovement.net).

Der Aufruf erfolgte exakt ein Jahr, nachdem der Internationale Gerichtshof sein Gutachten zur Sperrmauer zwischen Israel und dem Westjordanland veröffentlicht hatte. In diesem Gutachten erklärte der Gerichtshof den Verlauf der Mauer für unrechtmäßig und forderte alle Staaten auf, dafür zu sorgen, dass alle Einschränkungen des palästinensischen Rechts auf Selbstbestimmung, die mit der Mauer einhergehen, beendet werden (vgl. International Court of Justice 2004). Zudem empfahl er, dass die Vertragsstaaten der Genfer Konvention sicherstellen, dass Israel die Genfer Konventionen einhält – also grundlegende Prinzipien des humanitären Völkerrechts, darunter die Verbote, Einwohner aus militärisch besetzten Gebieten auszuweisen oder zu deportieren und Zivilbevölkerung der Besatzungsmacht in diesen besetzten Gebieten anzusiedeln. Das Gutachten war ein Meilenstein in der Entwicklung der BDS-Kampagne, weil es den Grundstein legte für „an international solidarity movement aimed at holding Israel accountable to the Geneva Convention" (Jamjoum 2011, S. 139).

Der BDS-Kampagne waren in der Vergangenheit bereits mehrere Aufrufe zum Boykott vorangegangen – von den Boykotten gegen die britische Mandatsverwaltung in den 1920er Jahren über Sanktionen der Arabischen Liga und der Organisation der Islamischen Konferenz (OIC) gegen Israel nach dem Krieg von 1948 bis hin zu den Boykotten israelischer Güter und Dienstleistungen während der ersten Intifada in den späten 1980er Jahren (vgl. Mason und Falk 2016). Die BDS-Kampagne hebt sich jedoch von diesen Vorläufern ab, weil sie von einem sehr breiten zivilgesellschaftlichen Konsens in den palästinensischen Gebieten getragen wird und zudem auch die palästinensischen Flüchtlinge und die palästinensisch-arabischen Bürgerinnen und Bürger Israels mit einbezieht. Sie gilt mithin als „a truly Palestinian *national* movement" (McMahon 2014, S. 67). Dennoch: Nicht einmal in Palästina stehen alle relevanten Kräfte hinter BDS. Mahmud Abbas, Präsident der Palästinensischen

Autonomiebehörde, bekundete seine Unterstützung lediglich für den Boykott für Produkte aus den jüdischen Siedlungen in den besetzten Gebieten, nicht aber gegen den Staat Israel insgesamt, mit dem die Palästinensische Autonomiebehörde offizielle Beziehungen unterhält. Diese Differenzierung zwischen BDS-Maßnahmen gegen den Staat Israel als Ganzes und solchen gegen die Siedlungen und Unternehmen, die von der Besatzung profitieren, wird auch von vielen zivilgesellschaftlichen und staatlichen Institutionen in Europa, in den USA und in Israel selbst hervorgehoben. Häufig stehen sie der Besatzung kritisch gegenüber, nicht aber dem Staat Israel insgesamt. Vor allem das dritte Ziel des BDS-Aufrufs, das Recht auf Rückkehr der palästinensischen Flüchtlinge in ihr vormaliges Eigentum zu realisieren, stößt auf massive Kritik, weil mit der Rückkehr von Millionen von Flüchtlingen und ihrer Nachkommen die demografische Situation in einer Weise verändert würde, die den Staat Israel in seiner jetzigen Form zerstören könnte (vgl. Hallward 2013, S. 12f.). Die Gegnerinnen und Gegner von BDS differenzieren nicht zwischen diesen Varianten; vielmehr erachten sie die gesamte Kampagne als einen Versuch, den Staat Israel zu zerstören. Schärfster Kritiker ist naturgemäß die israelische Regierung, die BDS in einem Atemzug mit Hamas und dem Erzfeind Iran nennt und ihr Antisemitismus vorwirft (vgl. Beaumont 2015). Aber auch außerhalb Israels hat sich eine kritische Gegenbewegung formiert, die ähnliche Argumente vorbringt.

Trotz dieser scharfen Kontroversen um BDS hat die Kampagne weltweit nicht nur große Aufmerksamkeit in den Medien, in Politik und Gesellschaft erfahren, sondern auch viele Unterstützerinnen und Unterstützer mobilisiert. Der BDS-Bewegung ist dieser Erfolg nicht zuletzt gelungen, weil sie ihr Anliegen bewusst als integralen Bestandteil der weltweiten Bewegung für globale Gerechtigkeit, Freiheit und Menschenrechte gerahmt hat. So stellt sie ihr eigenes Anliegen, das palästinensische Recht auf Selbstbestimmung, in eine historische Reihe mit dem Kampf gegen die Apartheid in Südafrika oder mit der Bürgerrechtsbewegung in den USA. Damit wird die Situation der Palästinenserinnen und Palästinenser als ein Ausdruck einer grundsätzlichen menschlichen Erfahrung von Unterdrückung, neoliberalem Imperialismus und Kolonisierung verstanden: „[T]he Palestinian ‚story' and ‚identity' are reified, abstracted, and generalized" (Omer 2009, S. 498). Regelmäßige Verweise auf internationale Abkommen über Menschenrechte und Prinzipien des Völkerrechts verstärken diese universalistische Rahmung der BDS-Kampagne. Dass Desmond Tutu, anglikanischer Bischof und Ikone des Anti-Apartheid-Kampfes, der BDS-Kampagne seine Unterstützung zugesagt hat, hat die Glaubwürdigkeit der BDS-Bewegung als Kampf für globale Gerechtigkeit immens erhöht.

Auch innerhalb der christlichen Religion hat BDS Kontroversen ausgelöst. Das Christentum hat schon aufgrund seiner Entstehungsgeschichte eine enge Verbindung mit dem Judentum und der geografischen Region, in der Jesus Christus gelebt hat. Die Grabeskirche, eine der wichtigsten heiligen Stätten des Christentums, liegt nur einen Steinwurf entfernt von dem Ort, wo die Überreste des jüdischen Tempels stehen, über denen wiederum die muslimischen Heiligtümer Al Aqsa-Moschee und Felsendom errichtet worden sind. Entsprechend groß sind das Interesse und das Engagement vieler Christinnen und Christen im Hinblick auf den Konflikt zwischen Israel und den Palästinenserinnen und Palästinensern. Die Positionierungen zur BDS-Kampagne fallen jedoch höchst unterschiedlich aus. Die von Lynch konzeptionalisierte „Triangulation" der Elemente, die für eine bestimmte Positionierung und Handlungsweise ausschlaggebend sind – Interpretation der religiösen Tradition, eine daraus abgeleitete Vorstellung von Gemeinwohl und die Auseinandersetzung mit dem konkreten politischen, sozialen und ökonomischen Kontext – führt bei unterschiedlichen christlichen Gruppen zu abweichenden Ergebnissen.

Im Folgenden werden zwei christliche Organisationen untersucht, die zu den aktivsten und sichtbarsten Akteuren mit Blick auf den Nahostkonflikt zählen, jedoch konträre Positionen vertreten: der Ökumenische Rat der Kirchen (ÖRK) und *Cristians United for Israel* (CUFI).

4.1 Ökumenischer Rat der Kirchen und BDS: „Frieden mit Gerechtigkeit"

Der ÖRK ist eine Dachorganisation der ökumenischen Bewegung mit 350 Mitgliedskirchen aus mehr als 110 Ländern der ganzen Welt und beansprucht damit, für mehr als 500 Millionen Gläubige zu sprechen. Der 1948 gegründete ÖRK vereint Kirchen verschiedener Traditionen, darunter Orthodoxe, Anglikaner, Lutheraner, Baptisten, Methodisten und Reformierte. Über seine Unterorganisation „Kommission der Kirchen für internationale Angelegenheiten" (KKIA) unterhält der ÖRK Büros bei den Hauptquartieren der Vereinten Nationen in New York und Genf. Neben ihren Zielen, für die Einheit des Glaubens, Mission und Evangelisierung einzustehen, haben die Mitgliedskirchen

> „ihren christlichen Dienst zu erfüllen, indem sie Menschen in Not helfen, Schranken zwischen Menschen niederreißen, sich für Gerechtigkeit und Frieden sowie für die Bewahrung der Schöpfung einsetzen" (www.oikumene.org).

Der ÖRK hat also eine sehr dezidierte Vorstellung vom Gemeinwohl, die sich einerseits aus seiner Lesart der biblischen Überlieferungen und theologischen Auffassungen ergibt. Andererseits nimmt der ÖRK den derzeitigen Zustand der Welt als globalen politischen, sozialen und ökonomischen Kontext seiner Arbeit in den Blick und bezeichnet den Dienst am Menschen, das Einreißen von Barrieren zwischen Menschen, die Suche nach Gerechtigkeit und Frieden und die Integrität der Schöpfung als zentrale ethische Imperative für die christlichen Kirchen.

Auf der Ebene konkreter politischer Probleme spiegelt sich der oben beschriebene Ansatz. Der ÖRK kann auf eine lange Historie des Engagements für Frieden zwischen Israel und den Palästinenserinnen und Palästinensern zurückblicken. 2007 wurde eine eigene Unterorganisation gegründet, das „Ökumenische Forum für Israel und Palästina", das die kirchliche Arbeit für Frieden in Nahost koordiniert und als Ziel formuliert, die Besatzung der palästinensischen Gebiete im Einklang mit den einschlägigen UN-Resolutionen zu beenden und die interreligiöse Zusammenarbeit für Frieden und Gerechtigkeit zu stärken, die allen Völkern der Region dienen soll (www.pief.oikoumene.org/en/about). Vor diesem Hintergrund kritisiert das Forum jede staatliche und öffentliche Unterstützung für die Besatzung und stellt den theologischen und biblischen Argumenten für die Besatzung alternative Interpretationen der christlichen Tradition entgegen. Insbesondere die Begriffe Gerechtigkeit und Frieden, die in der Bibel und in der christlichen Theologie eine zentrale Rolle spielen, dienen dem ÖRK als Folie für seine Deutung der Situation in Israel und Palästina. Bei der jährlichen „Welt-Woche für Frieden in Palästina und Israel", an der Mitgliedskirchen weltweit teilnehmen und Gottesdienste, Gebete und Informationsveranstaltungen anbieten, erklärte ÖRK-Präsident Dr. Olav Fykse Tveit, dass das strategische gewaltfreie Zeugnis palästinensischer Christinnen und Christen in den besetzten Gebieten, das vom ÖRK unterstützt wird, darauf angelegt sei, die ungerechten Strukturen und Systeme zu bekämpfen, die Israels unrechtmäßige Besatzung stützen. Die Mitgliedkirchen haben der ÖRK-Agenda unter dem Titel „Frieden mit Gerechtigkeit in Israel und Palästina" höchste Priorität eingeräumt (vgl. ÖRK 2015).

Der ÖRK hat in diesem Zusammenhang diverse Stellungnahmen und Positionspapiere auch zum Thema BDS veröffentlicht. Die Schwerpunktsetzung auf das ethische Motiv der Gerechtigkeit in sämtlichen Tätigkeitsbereichen des ÖRK, die sich auch in seinen Positionen zu Israel und Palästina widerspiegelt, scheint zunächst eine große inhaltliche Nähe und Anschlussfähigkeit zur BDS-Bewegung nahezulegen. Auch in der BDS-Kampagne wird Gerechtigkeit als Ziel formuliert und die Forderung nach palästinensischer Selbstbestimmung als Ausdruck des Ringens um globale Gerechtigkeit präsentiert. Der ÖRK erkennt das palästinensische Recht auf Selbstbestimmung an und fordert es ein. Sowohl die Siedlungen als auch die Sperrmauer werden mit Hinweis auf das Völkerrecht als unrechtmäßig bezeichnet. In einem Positionspapier wird auf BDS Bezug genommen, ohne explizit auf die Kampagne zu verweisen:

"Certain economic measures are legitimate forms of pressure for peace. The World Council of Churches encourages member churches to avoid investments or other economic links to illegal activities on occupied territories, and to boycott settlement products" (ÖRK 2014).

In einer weiteren Stellungnahme erläutert der ÖRK (2016), dass einige seiner Mitgliedskirchen verstärkt darauf achten, in ihren ökonomischen Entscheidungen und Beziehungen nicht in Verbindung gebracht zu werden mit den andauernden Verletzungen des Völkerrechts in den besetzten Gebieten. Diese Solidarität mit denen, die unterdrückt sind, ist aus Perspektive des ÖRK eine Pflicht für Menschen, die im Bund mit Gott leben. De-Investitionsmaßnahmen von Mitgliedskirchen wie der Presbyterianischen Kirche (vgl. Hallward 2013, S. 141ff.), der Vereinten Methodistischen Kirche, der Kirchen von Schweden oder der Anglikanischen Kirche in

Kanada[4] gegen Israel werden ausdrücklich gelobt „in both method and manner, using criteria rooted in faith. The purpose of these actions is to bring a just peace which will benefit both Palestine and Israel" (ÖRK 2014). Der ÖRK lobt also die von Mitgliedskirchen ergriffenen Maßnahmen, lenkt den Blick aber zugleich auf den Staat Israel und seine legitimen Sicherheitsinteressen. Die übergeordneten ethischen Normen – Frieden und Gerechtigkeit – werden somit nicht einseitig für eine der Konfliktparteien als Maßstab und Orientierung herangezogen, sondern gelten für beide Seiten.

Die Verlautbarungen des ÖRK zur Frage von Boykotten, De-Investitionen und Sanktionen zeigen beispielhaft, wie sich ein transnationaler religiöse Akteur – hier eine große Dachorganisation von christlichen Kirchen weltweit – angesichts eines internationalen Konflikts verortet. Die Idee des Gemeinwohls, die der ÖRK in seinen Publikationen vertritt, hebt stark auf die Begriffe Gerechtigkeit und Frieden ab, die als grundlegende Ziele verantwortungsvollen christlichen Handelns in der Welt aus den biblischen und theologischen Traditionen abgeleitet werden. Diese ethische Grundhaltung dient als Folie, um aktuelle politische, soziale und ökonomische Probleme und Herausforderungen zu analysieren und Handlungsmöglichkeiten auszuloten. Im Falle von BDS führt das dazu, dass einzelne Aspekte der palästinensischen Kampagne vom ÖRK positiv bewertet und unterstützt werden, weil sie sich mit seiner eigenen Analyse und Bewertung der Situation decken. Nicht zuletzt die Rahmung der BDS-Kampagne als Bestandteil der globalen Gerechtigkeitsbewegung schafft eine inhaltliche Brücke zum Gerechtigkeitsmotiv des ÖRK. Dennoch vermeidet es der ÖRK, sich offen mit der BDS-Kampagne und ihren drei Kernzielen

---

4   Eine Liste mit ökonomischen Maßnahmen von Kirchen, christlichen Entwicklungshilfeorganisationen, Gemeinden und Kirchenkreisen findet sich auf https://pief.oikumene.org/en/world-week-for-peace/resources).

zu solidarisieren. Vor dem Hintergrund, dass BDS verdächtigt wird, Israel grundsätzlich zu delegitimieren, möchte der ÖRK offensichtlich den Eindruck vermeiden, er würde ebenfalls das Existenzrecht Israels anzweifeln und seine Sicherheitsinteressen nicht anerkennen. Vielmehr wird die Differenzierung zwischen der Illegalität der Besatzung und der Legitimität des Staates Israels hervorgehoben. Zugleich bewahrt er sich mittels des Rückgriffs auf eine dezidiert christliche, aus religiöser Tradition und Theologie gespeiste Ethik ein eigenes religiöses Profil gegenüber säkularen Akteuren wie der BDS-Kampagne.

4.2 Christians United for Israel und BDS: „Für das gelobte Land"

Im Gegensatz zur starken Betonung auf eine christliche Ethik, in der Gerechtigkeit eine zentrale Rolle spielt, begründen konservative Evangelikale ihre Unterstützung für den Staat Israel eher mit dem Rückgriff auf die biblischen Zusagen an das Volk Israel sowie auf Prophetien und eschatologische Narrative, die das Schicksal der Juden mit der Wiederkunft Jesu Christi verknüpfen. CUFI repräsentiert diese theologische Interpretation des israelisch-palästinensischen Konflikts, die von einem Großteil US-amerikanischer Evangelikaler, aber auch von Evangelikalen in anderen Ländern geteilt wird (vgl. Salleh und Zakariya 2012; Weber 2005). Jedoch zeichnet sich zumindest in einem Teil des evangelikalen Spektrums ein Wandel ab. Die Auseinandersetzung mit der palästinensischen Befreiungstheologie und mit dem Appell der BDS-Bewegung an globale Gerechtigkeit hat in Teilen der evangelikaler Bewegung eine neue Sicht auf den israelisch-palästinensischen Konflikt befördert. Dieser Wandel ist zugleich eingebettet in eine generelle Wiederentdeckung der ethischen und sozialen Komponenten der biblischen

Lehre durch die sogenannten „neuen Evangelikalen" (Pally 2011). Während CUFI sich mit aller Kraft gegen die BDS-Kampagne stemmt, ist ein kleiner Teil der evangelikalen Szene empfänglicher geworden für deren Argumente.

CUFI nimmt für sich in Anspruch, die größte pro-israelische Organisation in den Vereinigten Staaten zu sein sowie mit rund drei Millionen Mitgliedern auch eine der führenden Graswurzel-Organisationen der Welt (www.cufi.org). 2006 wurde die Organisation durch den Prediger und Fernseh-Evangelisten John Hagee gegründet. CUFI vertreibt Literatur, DVDs, ein Magazin sowie Schulungsmaterial für Pastoren und Laien. Regelmäßig werden Treffen und Konferenzen veranstaltet; einmal im Jahr finden in den Gemeinden in den USA sowie darüber hinaus sogenannte „Nights to Honor Israel" statt. Ein sehr aktiver und wichtiger Bestandteil ist die Arbeit unter Studierenden. „CUFI on Campus" unterhält landesweit Studierendengruppen in Colleges und Universitäten. Schließlich betreibt CUFI direkte Lobbyarbeit im US-Kongress. Wichtigstes Instrument ist dabei der jährliche „Washington-Israel-Gipfel", der es CUFI-Delegierten ermöglicht, direkt mit Senatorinnen und Senatoren sowie Mitgliederinnen und Mitgliedern des Repräsentantenhauses zu sprechen. 2015 nahmen mehr als 5.000 CUFI-Mitglieder daran teil und forderten den Kongress auf, das von Präsident Barack Obama und der EU ausgehandelte Atomabkommen mit dem Iran abzulehnen.

Wie der ÖRK gründet auch CUFI seine Idee des Gemeinwohls auf die biblischen Traditionen und ihre theologische Auslegungen und leitet daraus Handlungsmaximen für konkrete Situationen ab. Im Unterschied zum ÖRK bearbeitet CUFI jedoch nicht eine Vielzahl von Themen und Politikfeldern, unter denen Israel und Palästina nur eines ist, sondern richtet seine Arbeit ausschließlich auf den Nahostkonflikt. Entsprechend steht zwar eine übergeordnete Gemeinwohlvorstellung der evangelikalen Strömung im

Hintergrund, CUFI selbst entwickelt seine Handlungsethik aber ausschließlich mit Blick auf Israel und Palästina. Auf seiner Website erklärt die Organisation, dass die Bibel die Gläubigen verpflichte, für den Frieden Jerusalems zu beten, sich für das Schicksal Zions einzusetzen, Wachleute auf den Mauern Jerusalems zu sein und das jüdische Volk zu segnen. Diese und viele andere biblische Zitate lassen sich laut CUFI darin zusammenfassen, dass Christinnen und Christen die Pflicht haben, Israel und das jüdische Volk in dieser Zeit der Bedrohung zu verteidigen (www.cufi.org, pastors' luncheons). David Brog, ehemaliger Direktor von CUFI, nimmt seine Organisation jedoch vor Anwürfen in Schutz, dass evangelikale Christen Israel lediglich verteidigten, um Armageddon und die Wiederkunft Christi zu beschleunigen. Vielmehr würden Christinnen und Christen Israel unterstützen

> "for the same reasons that religious Jews support Israel. It starts in the book of Genesis, where God promises the Land of Israel to the Jewish people. But what starts in the Bible does not end there. Christian Zionism is informed by an understanding of the long tragedy of Jewish history and the need for a Jewish state" (Brog 2012).

Mit Blick auf die BDS-Kampagne zählt CUFI heute zu den vehementesten Kritikern. So wirkte CUFI an Kampagnen kleinerer Organisationen in einzelnen US-Bundesstaaten mit, die erfolgreich darauf hinarbeiteten, dass die Parlamente dieser Staaten Resolutionen gegen BDS verabschiedeten. So heißt es in einer Resolution des Repräsentantenhauses von Tennessee, BDS sei „one of the main vehicles for spreading anti-Semitism and advocating the elimination of the Jewish state" (Savage 2015). Auf nationaler Ebene unterstützte CUFI den Gesetzentwurf zweier republikanischer Kongressabgeordneter, Peter Roskam und Dan Lipinski, der vorsah, die Zuschüsse für US-Universitäten einzufrieren, die Boykotte gegen israelische Forschungsinstitutionen oder Forscherinnen und Forscher unterstützen. An den Universitäten arbeitet *CUFI on Campus* aktiv gegen die BDS-Kampagne, die zum Teil sehr erfolgreich Unterstützerinnen und Unterstützer unter Studierenden sowie unter Professorinnen und Professoren mobilisiert hat.

Während der ÖRK seine Positionen aus übergeordneten ethischen Prinzipien ableitet, spielen Begriffe wie Gerechtigkeit und Frieden in der Argumentation von CUFI eine untergeordnete Rolle. Im Zentrum steht vielmehr der von Gott selbst zugesicherte Besitzanspruch auf das Heilige Land. CUFI-Präsident Hagee erläutert das in einer Broschüre:

> "The Creator of the Universe has declared Israel's ownership to the Promised Land throughout His Holy Word and we, as Bible-believing Christians, must acknowledge and honour God-given mandate to stand in support of Israel and their claim to the land" (Hagee 2016, S. 5f.).

Dieser Besitzanspruch steht ganz offensichtlich in direktem Widerspruch zum Ziel der BDS-Bewegung, das palästinensische Recht auf Selbstbestimmung auf eben diesem Territorium zu verwirklichen. Zwar machen weder die BDS-Bewegung noch CUFI exakte Angaben über die Ausmaße und Grenzen dieses Territoriums, doch der Anspruch wird in einer Weise formuliert, die mögliche Rechte der anderen Seite von vornherein ausschließt.

CUFI steht als größte evangelikale pro-israelische Lobby-Organisation in der Traditionslinie einer sehr konservativen und bibeltreuen Strömung des US-amerikanischen Protestantismus, die auch als „christliche Rechte" beschrieben wird (Brocker 2004). In der jüngeren Vergangenheit zeichnet sich jedoch ein Wandel in dieser evangelikalen Szene ab: Eine kleine Anzahl evangelikaler Theologinnen und Theologen sowie Pastorinnen und Pastoren versucht, die Agenda evangelikaler Interventionen in der Politik zu verändern: Statt der „klassischen" Themen der christlichen

Transnationale religiöse Akteure

Rechten wie dem Kampf gegen Abtreibung und Homosexualität, dem Schutz der traditionellen Familie oder eben der unbedingten Solidarität mit Israel rücken sie aktuelle Herausforderungen wie soziale Gerechtigkeit, Menschenrechte, den Klimawandel und Frieden auf globaler Ebene in den Vordergrund (vgl. Gushee 2012; Pally 2011). In einer Formulierung der evangelikalen Autoren Tony Campolo und Shane Claiborne sind die neuen Evangelikalen „Red Letter Christians" (Claiborne und Campolo 2012). Damit nehmen sie Bezug auf in den USA gebräuchliche Bibelausgaben, in denen die direkte Rede Jesu im Neuen Testament in roten Buchstaben gesetzt ist. Die Bibel sei nur durch die Worte Jesu zu verstehen; und diese Worte – beispielsweise in der Bergpredigt – lehrten, den Nächsten zu lieben, den Armen und Schwachen zu helfen und Gerechtigkeit zu üben.

Auch mit Blick auf den israelisch-palästinensischen Konflikt haben prominente Evangelikale wie Brother Andrew von der Organisation *Open Doors* oder Lynn Hybels von *Willow Creek* eine deutlich kritischere Position gegenüber der israelischen Besatzungspolitik entwickelt. Die „neuen Evangelikalen" rücken ab von der Interpretation aktueller und historischer Ereignisse als unmittelbare Erfüllungen biblischer Verheißungen und Zusagen und nehmen den Konflikt stattdessen aus der Perspektive christlicher Ethik in den Blick. Im Jahr 2007 veröffentlichten einige prominente Leiterinnen und Leiter evangelikaler Organisationen, Universitäten und Kirchen einen offenen Brief an US-Präsident George W. Bush, in dem sie den Wunsch äußerten,

> "to correct a serious misperception among some people including some US policy makers that all American evangelicals are opposed to a two-state solution and creation of a new Palestinian state that includes the vast majority of the West Bank" (Sider et al. 2007).

Die Unterzeichnerinnen und Unterzeichner betonten, dass sie zu Gottes Zusagen in der Hebräischen Bibel stünden, dass er das Volk Israel segnen werde – doch Menschen zu segnen und zu lieben bedeute nicht, dass man Kritik unterlasse, wenn sie angezeigt sei. Vielmehr verlange es, in einer Weise zu handeln, die das echte und langfristige Wohlergehen unserer Nachbarn zum Ziel habe. Sie führten aus, dass sowohl Israelis als auch Palästinenser legitime Rechte auf das Land hätten, die Jahrtausende zurückreichten, und boten der US-Regierung ihre Unterstützung für die Arbeit an einer Zweistaatenlösung an (vgl. Sider et al. 2007).

Dieser bemerkenswerte Wandel der Einstellung zum israelisch-palästinensischen Konflikt ist auch das Ergebnis einer erfolgreichen Mobilisierung durch palästinensische Christinnen und Christen aus dem Umfeld einiger christlicher Organisationen in Palästina, darunter das *Bethlehem Bible College*, das *Sabeel Ecumenical Liberation Theology Center* und der *Holy Land Trust* (vgl. Robson 2010). Im Zwei-Jahres-Rhythmus veranstaltet das College eine internationale Konferenz unter dem Titel „Christus am Checkpoint", bei der Evangelikale aus Europa und den USA teilnehmen und auch als Redner auftreten. Im Manifest der Konferenz schreiben die Organisatoren, dass „any exclusive claim to the land of the Bible in the name of God is not in line with the teaching of the Scripture" (www.christatthecheckpoint.com). Von den prominenten Evangelikalen aus Europa und den USA, die an diesen Konferenzen teilgenommen haben, hat sich bisher keiner öffentlich zu den Zielen der BDS-Kampagne bekannt. Anders die genannten palästinensischen christlichen Organisationen: der *Holy Land Trust* gehört zu den Unterzeichnern des BDS-Aufrufs, und auch *Sabeel* hat seine Unterstützung für BDS bekundet.

5 Fazit

Religiösen Akteuren, sowohl innerstaatlich als auch transnational, werden häufig eindimensionale Absichten und Handlungen unterstellt: als entweder konservativ oder progressiv, konfliktverschärfend oder friedensstiftend, gut oder böse. Die Analyse zweier sehr unterschiedlicher Organisationen aus der gleichen religiösen Tradition, dem Protestantismus, und ihrer Auseinandersetzung mit der palästinensischen BDS-Kampagne hat dagegen aufgezeigt, dass diese Dichotomien zu kurz greifen. Innerhalb des Feldes derjenigen christlichen Organisationen, die sich mit dem israelisch-palästinensischen Konflikt befassen, können CUFI und der ÖRK als Antipoden gelten; zwischen den Positionierungen dieser Organisationen gibt es nur geringe Schnittmengen, obwohl sich beide auf die Bibel als Grundlage für ihre Arbeit beziehen. Das darf aber nicht darüber hinwegtäuschen, dass es auch innerhalb der Organisationen und Gemeinschaften, die sie vertreten, keineswegs monolithische, auf ewig feststehende Positionen gibt. Der ÖRK muss der Vielfalt seiner Mitgliedskirchen gerecht werden – und zwischen diesen gibt es eine erhebliche Varianz mit Blick auf die Positionierung gegenüber der BDS-Kampagne. Im Zentrum der ÖRK-Argumentation steht die christliche Ethik mit ihren Zielen von Frieden und Gerechtigkeit. Auf dieser Grundlage hat der ÖRK eine mittlere Position gefunden, die bestimmte ökonomische Maßnahmen gegen Israel gutheißt, der BDS-Kampagne und ihren Zielen selbst aber distanziert gegenübersteht. CUFI hingegen bezieht eine sehr eindeutige Position für Israel, die mit den biblischen Prophezeiungen und Zusagen für das Volk Israel begründet werden. Zugleich sieht sich CUFI aber wachsender Skepsis an dieser Positionierung auch in den Reihen der evangelikalen Christen in den USA gegenüber, die zunehmend die sozial-ethischen Gehalte biblischer Überlieferung wiederentdecken und aus dieser Perspektive heraus auch die Position zum israelisch-palästinensischen Konflikt neu überdenken.

Die Fallstudien zeigen, dass sich die Positionierung transnationaler religiöser Akteure in aktuellen politischen Konflikten nicht unmittelbar aus theologischen Normen und Dogmen ableiten lässt. Religiöse Organisationen wie CUFI oder der ÖRK haben eine Vorstellung vom Gemeinwohl, die sich zwar an der religiösen Überlieferung orientiert, zugleich aber von der Auseinandersetzung mit den konkreten politischen, ökonomischen und sozialen Gegebenheiten geprägt wird. Eine methodische Herangehensweise, die die Kontextualisierung religiöser Traditionen, Gruppen und Organisationen auch auf transnationaler Ebene in den Blick nimmt, lässt diese interne Pluralität und Dynamik erkennen. Sie bewahrt davor, voreilig Zuschreibungen vorzunehmen, die bestimmte religiöse Akteure als monolithisch, unbeweglich und letztlich unfähig zum Frieden kennzeichnen. Vielmehr wird der Blick auf die Potenziale zur Veränderung gelenkt. Der amerikanisch-sudanesische Gelehrte Abdullahi Ahmed An-Na'im (2005) argumentiert, dass die Dominanz des Säkularismus dazu führt, die immense interreligiöse und interne Pluralität der Religionen zu übersehen. Gerade weil sie jedoch nicht monolithisch sind und sich im Zeitalter der Globalisierung zunehmend in der transnationalen Zivilgesellschaft engagieren, werden Religionen stark von den dort geführten Debatten beeinflusst und verändert. So können transnational agierende Organisationen und Gemeinschaften, wenn sie sich auf diese Veränderungen einlassen, zu einer wichtigen Kraft werden, die sich der neoliberalen Globalisierung entgegenstemmt und Frieden und Gerechtigkeit einfordert (vgl. auch Habermas 2008).

Literatur

An-Naʿim, Abdullahi A. 2005. The Politics of Religion and the Morality of Globalization. In *Religion in Global Civil Society*, hrsg. von Mark Juergensmeyer, 23–48. Oxford: Oxford University Press.

Appleby, R. Scott. 2000. *The Ambivalence of the Sacred. Religion, Violence, and Reconciliation*. New York: Rowman and Littlefield.

Appleby, R. Scott. 2003. Serving Two Masters? Affirming Religious Belief and Human Rights in a Pluralistic World. In *The Sacred and the Sovereign*, hrsg. von John D. Carlson und Erik C. Owens, 170–195. Washington, D.C.: Georgetown University Press.

Banchoff, Thomas. 2008. Introduction. In *Religious Pluralism, Globalization, and World Politics*, hrsg. von Thomas Banchoff, 3–38. Oxford: Oxford University Press.

Banchoff, Thomas und Robert Wuthnow (Hrsg.). 2011. *Religion and the Global Politics of Human Rights*. New York: Oxford University Press.

Barnett, Michael N. und Janice Gross Stein (Hrsg.). 2012. *Sacred Aid. Faith and Humanitarianism*. Oxford: Oxford University Press.

Basedau, Matthias, Birte Pfeiffer und Johannes Vüllers. 2016. Bad Religion? Religion, Collective Action, and the Onset of Armed Conflict in Developing Countries. *Journal of Conflict Resolution* 60 (2): 226–255.

Baumgart-Ochse, Claudia, Katharina Glaab, Peter J. Smith und Elizabeth Smythe (Hrsg.). 2017. Faith in Justice? The Role of Religion in Struggles for Global Justice. *Globalizations* 14 (7). Special Issue.

Baumgart-Ochse, Claudia und Klaus Dieter Wolf (Hrsg.). 2019. *Religious NGOs at the United Nations. Polarizers or Mediators?* New York: Routledge.

Beaumont, Peter. 2015. Israel Brands Palestinian-led Boycott Movement a „Strategic Threat". www.theguardian.com/world/2015/jun/03/israel-brands-palestinian-boycott-strategic-threat-netanyahu. Zugegriffen: 15. April 2019.

Boesenecker, Aaron P. und Leslie Vinjamuri, 2011. Lost in Translation? Civil Society, Faith-Based Organizations and the Negotiation of International Norms. *The International Journal of Transitional Justice* 5 (3): 345–365.

Bormann, Nils-Christian, Lars-Erik Cederman und Manuel Vogt. 2017. Language, Religion, and Ethnic Civil War. *Journal of Conflict Resolution* 61 (4): 744–771.

Braungart, Clara. 2019. Reconciliation versus Punishment: Religious NGOs and the International Criminal Court. In *Religious NGOs at the United Nations. Polarizers or Mediators?* hrsg. von Claudia Baumgart-Ochse und Klaus Dieter Wolf, 148–166. New York: Routledge.

Brocker, Manfred.2004. *Protest – Anpassung – Etablierung. Die Christliche Rechte im politischen System der USA*. Frankfurt: Campus.

Brog, David. 2012. Christian Zionism. An Overdue Reality Check. www.thedailybeast.com/christian-zionism-an-overdue-reality-check. Zugegriffen: 11. April 2019.

Carrette, Jeremy R. und Hugh Miall (Hrsg.). 2017. *Religion, NGOs, and the United Nations. Visible and Invisible Actors in Power*. London: Bloomsbury.

Casanova, José. 1994. *Public Religions in the Modern World*. Chicago: The University of Chicago Press.

Casanova, José.2007. Rethinking Secularization: A Global Comparative Perspective. In *Religion, Globalization, and Culture,* hrsg. von Peter Beyer und Lori Beaman, 101–120. Leiden: Brill.

Casanova, José. 2008. Public Religions Revisited. In *Religion: Beyond the Concept*, hrsg. von Hent de Vries, 101–119. New York: Fordham University Press.

Cavanaugh, William T. 2009. *The Myth of Religious Violence. Secular Ideology and the Roots of Modern Conflict*. Oxford: Oxford University Press.

Claiborne, Shane und Tony Campolo. 2012. *Red Letter Revolution. What if Jesus Really Meant What He Said?* Nashville: Thomas Nelson.

Clarke, Gerard. 2019. Faith-based Organizations and International Development in a Post-liberal World. In *Religious NGOs at the United Nations. Polarizers or Mediators?*, hrsg. von Claudia Baumgart-Ochse und Klaus Dieter Wolf, 84–105. New York: Routledge.

De Juan, Alexander und Andreas Hasenclever. 2009. Das Framing religiöser Konflikte – die Rolle von Eliten in religiös konnotierten Bürgerkriegen. In *Identität, Institutionen und Ökonomie. Ursachen innenpolitischer Gewalt*, hrsg. von Margit Bussmann, Andreas Hasenclever und Gerald Schneider, 178–205. Wiesbaden: VS Verlag für Sozialwissenschaften.

De Juan, Alexander und Andreas Hasenclever. 2015. Framing Political Violence: Success and Failure of Political Mobilization in the Philippines and Thailand. *Civil Wars* 17 (2): 201–221.

Gartzke, Erik und Kristian Skrede Gleditsch. 2006. Identity and Conflict: Ties that Bind and Differences that Divide. *European Journal of International Relations* 12 (1): 53–87.

Glaab, Katharina. 2017. A Climate for Justice? Faith-based Advocacy on Climate Change at the United Nations. In *The Role of Religion in Struggles for Global Justice*, hrsg. von Peter J. Smith, Katharina Glaab, Claudia Baumgart-Ochse und Elizabeth Smythe, 1110–1124. London: Routledge.

Glaab, Katharina, Doris Fuchs und Johannes Friederich. 2019. Religious NGOs at the UNFCCC: A Specific Contribution to Global Climate Politics? In *Religious NGOs at the United Nations. Polarizers or Mediators?*, hrsg.von Claudia Baumgart-Ochse und Klaus Dieter Wolf, 47–63. New York: Routledge.

Gushee, David P. (Hrsg.). 2012. *A New Evangelical Manifesto. A Kingdom Vision for the Common Good.* Danvers, MA: Chalice Press.

Habermas, Jürgen.2006. Religion in the Public Sphere. *European Journal of Philosophy* 14 (1): 1–25.

Habermas, Jürgen. 2008. Die Dialektik der Säkularisierung. *Blätter für deutsche und internationale Politik* (4): 33–46.

Hagee, John. 2016. *Why Christians Should Support Israel.* San Antonio, TX: Christians United for Israel.

Hallward, Maia Carter. 2013. *Transnational Activism and the Israeli-Palestinian Conflict.* New York: Palgrave Macmillan.

Hassner, Ron E. 2009. *War on Sacred Grounds.* London: Cornell University Press.

Huntington, Samuel P. 1996. *The Clash of Civilizations and the Remaking of World Order.* New York, NY: Simon & Schuster.

Hurd, Elizabeth Shakman. 2015. *Beyond Religious Freedom. The New Global Politics of Religion.* Princeton: Princeton University Press.

International Court of Justice. 2004. *Legal Consequences of the Construction of a Wall in the Occupied Palestinian Territory. Jurisdiction of the Court to give the Advisory Opinion Requested.* New York: United Nations.

Jamjoum, Hazem.2011. The Global Campaign for Boycott, Divestment, and Sanctions against Israel. In *Nonviolent Resistance in the Second Intifada*, hrsg. von Maia Carter Hallward und Julie M. Norman, 133–151. New York: Palgrave Macmillan.

Jones, Ben und Marie Juul Petersen. 2011. Instrumental, Narrow, Normative? Reviewing Recent Work on Religion and Development. *Third World Quarterly* 32 (7): 1291–1306.

Juergensmeyer, Mark. 2000. *Terror in the Mind of God. The Global Rise of Religious Violence*. Berkeley: University of California Press.

Keck, Margaret E. und Kathryn Sikkink. 1998. *Activists Beyond Borders. Advocacy Networks in International Politics*. London: Cornell University Press.

Kippenberg, Hans G. 2013. „Phoenix from the Ashes": Religious Communities Arising from Globalization. *Journal of Religion in Europe* 6 (2): 143–174.

Laustsen, Carsten Bagge und Ole Waever. 2003. Defense of Religion: Sacred Referent Objects for Securitization. In *Religion in International Relations. The Return from Exile*, hrsg. von Pavlos Hatzopoulos und Fabio Petito, 147–180. New York: Palgrave Macmillan.

Levitt, Peggy. 2004. Redefining the Boundaries of Belonging: The Institutional Character of Transnational Religious Life. *Sociology of Religion* 65 (1): 1–18.

Lynch, Cecelia. 2009. A Neo-Weberian Approach to Religion in International Politics. *International Theory* 1 (3): 381–408.

Marty, Martin E. und R. Scott Appleby (Hrsg.). 1991. *Fundamentalism Observed*. Chicago: University of Chicago Press.

Marty, Martin E. und R. Scott Appleby (Hrsg.). 1993a. *Fundamentalism and the State*. Chicago: University of Chicago Press.

Marty, Martin E. und Scott R. Appleby (Hrsg.). 1993b. *Fundamentalisms and Society. Reclaiming the Sciences, the Family, and Education*. Chicago: University of Chicago Press.

Marty, Martin E. und R. Scott Appleby (Hrsg.). 1994. *Accounting for Fundamentalisms: The Dynamic Character of Movements*. Chicago: University of Chicago Press.

Marty, Martin E. und Scott R. Appleby (Hrsg.). 1995. *Fundamentalisms Comprehended*. Chicago: University of Chicago Press.

Mason, Victoria und Richard Falk. 2016. Nonviolence in the Palestinian Rights Struggle. *State Crime Journal* 5 (1): 163–186.

Mavelli, Luca und Erin K. Wilson. 2016. Postsecularism and International Relations. In *Routledge Handbook of Religion and Politics*, hrsg. von Jeffrey Haynes, 251–269. London: Routledge.

May, Samantha, Erin Wilson, Claudia Baumgart-Ochse und Faiz Sheikh. 2014. The Religious as Political and the Political as Religious: Globalisation, Post-Secularism and the Shifting Boundaries of the Sacred. *Politics, Religion, & Ideology* 15 (3): 331–346.

McMahon, Sean F. 2014. The Boycott, Divestment, Sanctions Campaign: Contradictions and Challenges. *Race & Class* 55 (4): 65–81.

Ökumenischer Rat der Kirchen (ÖRK). 2014. Statement on Economic Measures and Christian Responsibility Toward Israel and Palestine. www.oikoumene.org/en/resources/documents/central-committee/geneva-2014/statement-on-economic-measures-and-christian-responsibility-toward-israel-and-palestine. Zugegriffen: 11. April 2019.

Ökumenischer Rat der Kirchen (ÖRK) 2015. Erklärung zur Lage in Israel und Palästina. www.oikoumene.org/de/resources/documents/executive-committee/statement-on-situation-in-israel-and-palestine. Zugegriffen: 11. April 2019.

Ökumenischer Rat der Kirchen (ÖRK). 2016. WCC Policy on Palestine and Israel 1948–2016 (Summary). www.oikoumene.org/en/resources/documents/wcc-programmes/public-witness/peace-building-cf/wcc-policy-on-palestine-and-israel-1948-2016-summary. Zugegriffen: 12. April 2019.

Omer, Atalia. 2009. „It's Nothing Personal": The Globalisation of Justice, the Transferability of Protest, and the Case of the Palestine Solidarity Movement. *Studies in Ethnicity and Nationalism* 9 (3): 497–518.

Pally, Marcia. 2011. *The New Evangelicals. Expanding the Vision of the Common Good*. Grand Rapids, Mich.: William B. Eerdmans Pub. Co.

Philpott, Daniel. 2000. The Religious Roots of Modern International Relations. *World Politics* 52 (2): 206–245.

Philpott, Daniel. 2002. The Challenge of September 11 to Secularism in International Relations. *World Politics* 55 (1): 66–95.

Philpott, Daniel. 2007. Explaining the Political Ambivalence of Religion. *American Political Science Review* 101 (3): 505–525.

Riesebrodt, Martin. 2014. *Religion in the Modern World: Between Secularization and Resurgence*. Max Weber Lecture 2014/1, European University Institute. San Domenico di Fiesole.

Risse, Thomas, Stephen C. Ropp und Kathryn Sikkink (Hrsg.). 1999. *The Power of Human Rights*. Cambridge: Cambridge University Press.

Robson, Laura C. 2010. Palestinian Liberation Theology, Muslim-Christian Relations and the Arab-Israeli Conflict. *Islam and Christian-Muslim Relations* 21 (1): 39–50.

Salleh, Mohd Affandi und Hafiz Zakariya. 2012. The American Evangelical Christians and the U.S. Middle East Policy: A Case Study of the Christians United for Israel (CUFI). *Intellectual Discourse* 20 (2): 139–163.

Savage, Sean. 2015. Pro-Israel Effort to Combat BDS on U.S. State Level Gains Steam. https://www.breakingisraelnews.com/38267/pro-israel-effort-to-combat-bds-on-us-state-level-gains-steam-jewish-world/. Zugegriffen 17. April 2019.

Sider, Ronald J., et al. 2007. Letter to President Bush from Evangelical Leaders. https://www.nytimes.com/2007/07/29/us/evangelical_letter.html. Zugegriffen: 17. April 2019.

Stern, Jessica. 2003. *Terror in the Name of God. Why Religious Militants Kill.* New York: Ecco.

Sullivan, Winnifred Fallers; Elizabeth Shakman Hurd, Saba Mahmood und Peter G. Danchin (Hrsg.). 2015. *Politics of Religious Freedom.* Chicago: University of Chicago Press.

Svensson, Isak und Desirée Nilsson. 2018. Disputes over the Divine. *Journal of Conflict Resolution* 62 (5): 1127–1148.

Wallis, Roy und Steve Bruce. 1992. Secularization: The Orthodox Model. In *Religion and Modernization,* hrsg. von Steve Bruce, 8–30. London: Clarendon Press.

Weber, Timothy P. 2005. *On the Road to Armageddon. How Evangelicals Became Israel's Best Friend.* Grand Rapids, MI: Baker Academic.

Weingardt, Markus A. 2007. *Religion Macht Frieden. Das Friedenspotential von Religionen in politischen Gewaltkonflikten.* Stuttgart: Kohlhammer.

Werkner, Ines-Jacqueline (Hrsg.). 2016. Religion in der Friedens- und Konfliktforschung. Interdisziplinäre Zugänge zu einem multidimensionalen Begriff. *Zeitschrift für Friedens- und Konfliktforschung,* Sonderband 1. Baden-Baden: Nomos.

Wilson, Erin K. 2012. *After Secularism. Rethinking Religion in Global Politics.* Houndmills: Palgrave Macmillan.

Wilson, Erin K. und Manfred B. Steger. 2013. Religious Globalism in the Post-Secular Age. *Globalizations* 10 (3): 481–495.

Wong, Diana und Peggy Levitt. 2014. Travelling Faiths and Migration Religions: The Case of Circulating Models of Da'wa Among the Tablighi Jamaat and Foguangshan in Malaysia. *Global Networks* 14 (3): 348–362.

Wuthnow, Robert Stephen Offutt. 2008. Transnational Religious Connections. *Sociology of Religion* 69 (2): 209–232.

Kirchen als Akteurinnen in der Zivilgesellschaft – eine theologische Perspektive

Sarah Jäger

1 Einleitung

„Die evangelische Kirche schafft scheinbar über ihre Mitglieder einen *nicht unwesentlichen Fundus an religiösem Sozialkapital*. Dieser trägt auf der einen Seite zur inneren Verbindung der Kirchenmitglieder bei, ist aber auch gesamtgesellschaftlich von beachtlicher Wirkung. So kann man mit etwas Pathos ohne Weiteres behaupten, dass die evangelische Kirche ein hohes Maß an ‚Kitt für die Gesellschaft' bereitstellt" (Pickel 2014, S. 115, Hervorh. im Original).

Mit diesen Worten schließt die fünfte Kirchenmitgliedschaftsuntersuchung der Evangelischen Kirche in Deutschland (EKD) von 2014 ihr Auswertungskapitel zu „Protestantische[n] Potenziale[n] in der Zivilgesellschaft". Hierin scheint eine Form der Verhältnisbestimmung von Kirche und Zivilgesellschaft auf, die sowohl das Engagement der Christinnen und Christen als auch dessen gesellschaftliche Relevanz in den Blick nimmt. Es erweist sich insgesamt als überaus herausfordernd, das Verhältnis von Kirchen und Zivilgesellschaft halbwegs systematisch zu beschreiben und dabei zugleich der real existierenden Praxis gerecht zu werden. Gerade die neueren Debatten über Säkularisierung und Rekonfessionalisierung haben dazu beigetragen, dass sich die Forschung vor allem auf Religion und weniger auf die konfessionellen Kirchen konzentriert hat. Erst in den letzten Jahren sind die Rolle und Funktion der christlichen Kirchen in der sozialwissenschaftlichen und historischen Forschung zunehmend in den Fokus getreten. Unter dem Eindruck des Endes der Blockkonfrontation und der Debatten um die Grenzen des Wohlfahrtsstaates und globale Umweltprobleme haben konservative ebenso wie linksliberale Theoretiker wie Charles Taylor oder Jürgen Habermas Forschungen über die Rolle von Kirchen in der Zivilgesellschaft vorangetrieben.

Habermas weist der Kommunikation für die Konstitution der Zivilgesellschaft eine entscheidende Rolle zu. So sei es notwendig, dass spontan entstandene Vereinigungen, Organisationen und Bewegungen ihre Anliegen „lautverstärkend an die politische Öffentlichkeit weiterleiten" (Habermas 1993, S. 443). Die Rolle der Kirchen wird als die einer „intermediären Institution"[1] beschrieben. Habermas selbst hat die Religionen im Rahmen seines Vortrages zur Verleihung des Friedenspreises des deutschen Buchhandels als „wichtige [...] Ressourcen der Sinnstiftung" (Habermas 2001, S. 14) bezeichnet. Er führt für die „religiöse[] Tradition" an, dass auch die moderne Gesellschaft „deren semantische Potentiale noch nicht ausgeschöpft" habe und beklagt ihren „unfairen Ausschluss aus der Öffentlichkeit" (Habermas 2001, S. 14). Diese Aussage ist sicherlich nur als eine Momentaufnahme auf das komplexere Verhältnis von Kirchen und Zivilgesellschaft zu sehen, gleichwohl markiert sie

---

1 Als intermediäre Institutionen können politische Einrichtungen und Gruppen verstanden werden, die zwischen den verfassungsmäßigen Organen der Willensbildung und verschiedenen Teilgruppen der Bevölkerung Informationen, Entscheidungsalternativen und Orientierung vermitteln (vgl. Hölzing 2012, S. 56).

zwei wichtige Spuren: die Frage nach der Vermittlungsfunktion von Kirche und nach ihrer Aufgabe als sinnstiftende Institution. Diesen Spuren soll hier weiter gefolgt werden.

Am Beginn dieses Beitrages steht eine erste Begriffsklärung, gefolgt von ekklesiologischen Überlegungen zum Kirche-Sein in der Gegenwart. Sodann gilt es, die verfassten Kirchen als Akteurinnen in der Zivilgesellschaft in den Blick zu nehmen. Entscheidende Weichenstellungen hin zu einem zunehmenden gesellschaftlichen Engagement fielen in die so genannten langen sechziger Jahre, sodass bei der historischen Verortung hier angesetzt wird. Im Anschluss daran werden der spezifisch kirchliche Beitrag zur Zivilgesellschaft und ihre Rolle in friedensethischen Fragen entfaltet. Denn zivilgesellschaftliche Prinzipien wie Selbstorganisation oder Gemeinwohlorientierung können gut mit christlichen Überzeugungen vereinbar sein. Mit der großen Zahl an Ehrenamtlichen und der Verfügbarkeit gemeindlicher Strukturen hat die Kirche darüber hinaus auch gute Voraussetzungen für einen aktiven Beitrag. Zentral ist hier die systematisch-theologische These, dass Kirchen zwar Akteurinnen in der Zivilgesellschaft sind, zugleich aber in dieser Bestimmung aufgrund ihrer theologischen Grundlegung nicht aufgehen. Die Rolle der Kirchen in der Öffentlichkeit muss zugleich mehr umfassen als nur die Bereitstellung eines Forums zur Diskussion und zum Austausch. Das Evangelium ruft zur konkreten Stellungnahme und Positionierung, die dabei jedoch nicht eindeutig ist und immer wieder neu diskursiv ausgehandelt werden muss. Kirchliche Akteure haben sowohl die Möglichkeit, eigene überlieferte Traditionsbestände einzutragen als auch gesellschaftliche Diskurse von ihrer religiösen Dimension zu entlasten.

2 Ausgangsannahme: Mal wieder einen Pudding an die Wand nageln?

Für die folgenden Ausführungen soll der Begriff der Zivilgesellschaft pragmatisch Verwendung finden, entzieht er sich doch einer eindeutigen Definition (zur weiteren Begriffsbestimmung siehe auch den Beitrag von Ansgar Klein in diesem Band). Micha Brumlik hatte diesen Versuch schon 1991 (S. 990) – in Anlehnung an das Zitat von Max Kaase zur politischen Kultur – mit den Worten beschrieben, es gelte, einen Pudding an die Wand zu nageln. Darauf reagierte Karsten Fischer, indem er 2005 konstatierte, dass „seitdem [...] lediglich die Menge des Puddings [...] zugenommen haben [dürfte], nicht aber seine handwerkliche Fixierbarkeit" (K. Fischer 2005, S. 21). Einige wichtige definitorische Schneisen sollen nun gleichwohl geschlagen werden: Grundsätzlich lässt sich unter Zivilgesellschaft zunächst „die plurale Gesamtheit der öffentlichen Assoziationen, Vereinigungen und Zusammenkünfte" verstehen, „die auf dem freiwilligen Zusammenhandeln der Bürgerinnen und Bürger beruhen" (Adloff 2005, S. 8). Hierin verortet sind die Kirchen von außen als eine solche gestaltende Vereinigung unter anderen zu verstehen Dabei zeigen sich in einer Innenperspektive konfessionelle Unterschiede: So lehnt die katholische Kirche die Rolle als zivilgesellschaftliche Akteurin ab und argumentiert, dass sie sich göttlicher Stiftung verdankt und vor allem auf eine außerweltliche Dimension ausgerichtet ist (vgl. Palaver 2009, S. 64).

Zum ersten ist der zivilgesellschaftliche Bereich „unabhängig vom staatlichen Apparat [...] und wirtschaftlichen Profitinteressen" (Adloff 2005, S. 8) wie auch von der Privatsphäre. Dieses Changieren zwischen Privatheit und Öffentlichkeit prägte und prägt auch kirchliches Handeln. Man denke nur an die klassisch gewordene dreifache Gestalt des Protestantismus als private, öffentliche und kirchliche Form (vgl. Rössler 1994, S. 93). Ansgar Klein (2001,

S. 177) fasst systemtheoretisch inspiriert Zivilgesellschaft als den sozialen Raum in einem "Zwischen", „[d]ie Zivilgesellschaft ist der intermediäre Raum zwischen Staat und Gesellschaft, in dem sich die verschiedenen Mitgliederrollen kreuzen und aufeinander beziehen". Zivilgesellschaft lässt sich also als eigenständiger Sektor der Gesellschaft jenseits von Ökonomie und Staat begreifen,

> „in welchem Individuen, unabhängig von gegebenenfalls bestehenden Differenzen im Denken und Handeln, als politisch Gleiche in Formen öffentlicher Kommunikation interagieren" (R. Fischer 2008, S. 24).

Zivilgesellschaft wird zum zweiten durch „Formen der Selbstkonstituierung und der Selbstmobilisierung hervorgebracht" (Wendt 1996, S. 25), sodass der fundamentalen Bedeutung individueller Ressourcen und sozialer Realitäten Rechnung getragen werden muss. Dabei unterscheidet sich Zivilgesellschaft vom Dritter Sektor, bezieht sich letzterer Begriff vor allem auf die ökonomische Dimension und Rationalität einer Gesellschaft, während in den Diskursen um die Zivilgesellschaft die politische Bedeutung dieser Sphäre im Vordergrund steht. „Hier werden Formen des politischen Sich-Einmischens [...] beleuchtet, die sich mit dem Begriff des bürgerschaftlichen Engagements verbinden" (Klein 2001, S. 261).

Zum dritten meint Zivilgesellschaft einen Handlungsraum von Protest und Partizipation und bezeichnet die Selbstermächtigung von Bürgerinnen und Bürgern in einer repräsentativ-parlamentarischen Demokratie (vgl. Nolte 2015, S. 52).

3 Kirchen als Teil der Zivilgesellschaft

Folgend richtet sich der Fokus auf die Rolle, Aufgaben und Potenziale der Kirchen (evangelisch wie katholisch) in der Zivilgesellschaft. Dabei findet der Begriff der Kirche in einer dreifachen Form Verwendung: Zum ersten ist es eine theologische Anfrage an die Ekklesiologie, wie sich das Verhältnis und die Aufgaben von „Kirche und Welt" beschreiben lassen (Makroebene). Zum zweiten werden die verfassten Kirchen in ihrer jeweiligen Ausprägung als Dachorganisation, Landeskirche und Gemeinde vor Ort und nicht zuletzt auch als Diakonie in ihren je spezifischen Gestalten im Blick sein (Mesoebene). Schließlich sind es drittens die Christinnen und Christen, die ihr eigenes politisches und (zivil)gesellschaftliches Engagement aus ihrer kirchlichen Bindung ableiten (Mikroebene). Es sind also gleichsam die zivilgesellschaftlichen Hausaufgaben kirchlicher Akteurinnen und Akteure für die Gegenwart, die in dieser Darstellung beleuchtet werden.[2] Das Zusammendenken von Kirche und Zivilgesellschaft ist relativ neu. Erst in jüngster Zeit nimmt die Zivilgesellschaftsforschung beide Faktoren nicht mehr als Gegensätze wahr (wie etwa Kocka 2000), sondern versteht Religion als gesellschaftlichen Faktor neben anderen (vgl. Schreiber 2012, S. 38; Bauerkämper und Nautz 2009, S. 8). Die Kirchen selbst sind in weiten Teilen noch skeptisch, was ihre Einordnung in die Zivilgesellschaft betrifft. In ihrer Selbstwahrnehmung ist die evangelische Kirche ein besonderer Teil, wenn nicht vielleicht sogar ein besserer Teil der Zivilgesellschaft. Dabei scheint eine Einordnung in die Zivilgesellschaft vielleicht auch deshalb at-

---

2 Fragen nach der demokratieförderlichen oder demokratiehemmenden Wirkung der Kirchen, wie sie etwa die Politikwissenschaftlerin Sigrid Roßteutscher (2009) untersucht, sollen in diesem Beitrag nur am Rande thematisiert werden.

traktiv, da so theologische Fragen nach der Ekklesiologie gleich funktionalistisch im Sinne gesellschaftspolitischen Engagements beantwortet werden können.

Die eigenen Verortungen in der Zivilgesellschaft differieren sowohl innerhalb der einzelnen Konfessionen als auch zwischen ihnen. So sind etwa von den christlichen Kirchen auch solche fundamentalistischen Strömungen integriert worden, die zivilgesellschaftliches Engagement behindert haben (vgl. Bauerkämper und Nautz 2009, S. 15). Zugleich zeigen sich auch Unterschiede zwischen Protestantismus und Katholizismus, diese verbinden sich mit der Frage nach dem Verhältnis zum Staat, ob dieses vertikal oder horizontal im Sinne einer Über- oder Gleichordnung verstanden wird. Dabei lassen sich auch historische Veränderungsprozesse konstatieren. So brachte beispielsweise die katholische Selbstorganisation seit dem 19. Jahrhundert für Kirchenrechte nicht-intendierte Demokratisierungseffekte mit sich (vgl. Große Kracht 1997). Dabei bewegte sich die Kirche zunehmend in das Feld diskursiv-öffentlicher Auseinandersetzungen hinein:

> „Mit Eintritt in die Arena der Öffentlichkeit hat der Katholizismus zwar nicht theoretisch, aber praktisch und performativ auf seinen Anspruch auf Repräsentation der einzig wahren Weltanschauung verzichtet" (Adloff 2009, S. 30).

Mit dem Zweiten Vatikanischen Konzil wurde schließlich die überkommene Staatsauffassung aufgegeben. Der Staat wird nun als öffentliche Gewalt in der Gesellschaft verstanden. Gemäß päpstlicher Lehre sind auch Katholikinnen und Katholiken dazu aufgerufen, am zivilgesellschaftlichen Meinungs- und Willensbildungsprozess teilzunehmen, „in dem das Gemeinwohl nicht entdeckt, sondern diskursiv erzeugt wird" (Adloff 2009, S. 31).

Spätestens seit der Gründung der Bundesrepublik Deutschland verortet sich die evangelische Kirche in einem horizontalen Verhältnis zu Staat und Zivilgesellschaft, mithin auf Augenhöhe. Sie weist eine große Fülle von Organisationen auf, die nur noch in losem Zusammenhang zur kirchlichen Institution stehen und große zivilgesellschaftliche Aktivitäten freisetzen. Auch eine Selbstbeschreibung als Teil der Zivilgesellschaft, wie es hier entfaltet wird, scheint dem Protestantismus so leichter zu fallen.

Die Möglichkeiten des kirchlichen Handelns im öffentlichen Raum richten sich nach dem rechtlichen Verhältnis von Staat und Kirchen, also nach den religionsbezogenen Normen des Staatsrechts und den Vereinbarungen von Staat und Kirchen (Religionsverfassungsrecht beziehungsweise Staatskirchenrecht). In Deutschland besteht für Religionsgemeinschaften bei Vorliegen bestimmter Voraussetzungen die Möglichkeit, den Körperschaftsstatus des öffentlichen Rechts sowie die damit verbundenen Vorteile wie zum Beispiel die staatliche Unterstützung bei dem Einzug der Kirchensteuer zu erlangen und so in ein besonderes Verhältnis zum Staat einzutreten. Dies liegt wohl auch begründet in der sozialen Nützlichkeit für moralische Fragen der Religionsgemeinschaften:

> „Der freiheitliche, säkularisierte Staat, der ein ethisches Fundament braucht, das er seiner Freiheitlichkeit wegen weder selbst erhalten noch gar schaffen kann, versichert sich dabei der Hilfe jener Religionsgemeinschaften, die bereit und willens sind, als ‚moralische Instanz' an dieser Grundlegung mitzuarbeiten" (Hillgruber 2007, S. 222).

Kirchliches Handeln ist dabei stets nur fassbar und beschreibbar als Handeln kirchlicher Akteurinnen und Akteure. Die beiden deutschen Volkskirchen sind hoch plurale Organisationen, in denen ganz unterschiedliche Frömmigkeitsstile und Glaubensformen miteinander koexistieren (vgl. Graf und Große Kracht 2007, S. 7). Die Konfliktpotenziale haben sich jedoch verschoben – „so sind es in der Gegenwartsmoderne offener pluralistischer Gesellschaften neben Riten und Gottesdienstordnungen vorrangig Fragen der Lebensführung, an denen die frommen Geister sich scheiden" (Graf und Große Kracht 2007, S. 7). Zugleich sind diese auch die Themen, bei denen kirchliche Positionierungen nachgefragt und im öffentlichen Diskurs sichtbar werden. Die christliche Symbolsprache ist – wie jede andere religiöse – hochgradig interpretationsoffen und erlaubt ganz verschiedenen Gruppen mit unterschiedlichen Weltsichten und Visionen guten Lebens ihre Aneignung christlicher Symbole zu formulieren. Diese Pluralität, die in sich durchaus widersprüchlich sein kann, zeigt sich gerade auch in den friedensethischen Diskursen.

Zur Beschreibung des Verhältnisses von Kirchen (evangelisch wie katholisch) und Zivilgesellschaft spricht der Historiker Paul Nolte (2015, S. 51) von einem „religiös-kirchlichen Handlungsfeld". Dabei greifen die Begriffe „Religion", verstanden als konkretes Lebensphänomen und menschliches Bewusstsein einer transzendenten Dimension, und „Kirche" je für sich genommen zu kurz. Gerade die Jahrzehnte bis kurz vor unsere Gegenwart offenbaren Überlappungen zwischen beiden: Religiöse Argumente finden sich in sozialen Bewegungen, auch bevor die Kirchen selbst sich an diesen beteiligen. Man denke zum einen etwa an die theologische Imprägnierung der Friedens- oder Umweltbewegung und zum anderen an die enge Verknüpfung auch der Amtskirchen mit neuen religiös-zivilgesellschaftlichen Handlungsformen und Diskursen, etwa in Form einer Beteiligung an Demonstrationen oder anderen Protestformen (vgl. dazu auch Großbölting 2013).

Kirchliche Akteurinnen und Akteure sind durchaus auch Gestaltende des Wandels, weniger nur passiv Erleidende. Die Kirchen sind also seit 1945 Aufnehmende von Entwicklungen ebenso wie Auslösende gewesen beziehungsweise konnten eine katalysierende Wirkung entfalten. Dazu lohnt ein Blick auf die (westdeutsche) kirchliche Situation seit dem Ende des Zweiten Weltkrieges.

4 Kirche und Öffentlichkeit – historische Schlaglichter

Das Beziehungsgeflecht Kirche und Zivilgesellschaft ist geprägt von den sie umgebenden gesellschaftlichen und ökonomischen Rahmenbedingungen. Die Kirchen haben in der Zeit nach 1945 gelernt, nicht nur Bestätigende von Konsens und Integration, sondern durchaus auch Produzentinnen von Dissens zu sein. Die evangelischen Akademien oder auch das evangelische Studienwerk Villigst sollten bewusst einen Akzent gegen die politisch-soziale Selbstaufgabe der Kirchen im Dritten Reich setzen. Zunehmend wurde sichtbar, dass bürgerschaftliches Engagement nicht nur im, sondern auch gegen den Staat denkbar war. Für die katholische Kirche ist hier das zweite Vatikanum als „ein Stück nachholender Modernisierung gegenüber neuen gesellschaftlichen Realitäten" (Nolte 2015, S. 64) zu erwähnen.

Seit den 1960er Jahren lassen sich dann massive Veränderungen in zweifacher Weise konstatieren, sowohl im Bereich innerkirchlicher Mitgliederentwicklung und Ausrichtung als auch in Form gesamtgesellschaftlicher Ausdifferenzierungs-, Pluralisierungs- und Individualisierungsentwicklungen.

> „Vielmehr ist die Geschichte seit 1945 auch eine Geschichte von Verwerfungen, Krisen und Transformationen: von ökonomischem Strukturwandel, von sozialen Verschiebungen im Blick auf Klassen, Geschlechter und Ethnizitäten, von kultureller Revolution zwischen ‚68er'-Revolte und digitalem Umbruch" (Nolte 2015, S. 50).

Möchte man einen zentralen Wendepunkt in der Verhältnisbestimmung von Kirche und Zivilgesellschaft in der Bundesrepublik Deutschland ausmachen, so ist es das Jahr 1973, ab dem man von einer sogenannten Bewegungsphase sprechen kann:

„Auf die ungewöhnliche Nachkriegsprosperität (nicht nur in Westdeutschland), auf den Boom der ‚Goldenen Jahre' folgte eine Epoche der wirtschaftlichen Dauerkrise, der Volatilität von Märkten, von massenhafter Arbeitslosigkeit" (Nolte 2015, S. 53).

Die daran anschließenden sozialen und kulturellen Umbrüche spiegeln sich auch im kirchlichen Bereich. Quasi-korporative Mitgliederverbände haben zunehmend Schwierigkeiten, junge Menschen dauerhaft zu binden. Dies zeigt sich auch an der Entstehung neuer Handlungs- und Organisationsformen. Anders als es die klassische Säkularisierungstheorie formulierte, ist dies keine eindimensionale Geschichte von Verlust, sondern ein Veränderungsprozess religiöser Bindungen, Inhalte und Zugehörigkeiten. Für diesen Prozess benennt Nolte (2015, S. 55ff.) fünf entscheidende religiöse Veränderungsbedingungen und ihre Bedeutung für kirchliches Handeln:

- die Fokussierung auf das Individuum und damit verbunden eine neue Offenheit für Spiritualität und transzendentale Sinnsuche;
- neue (ekklesiologische) Maßstäbe für die Bewertung politischer Konflikte: Kirchliche Akteure engagieren sich maßgebend in den neuen menschenrechtlichen und ökologischen Bewegungen. Dabei sehen sie ihre eigene Rolle in einer eindeutigen Stellungnahme und begreifen politische Aktionsformen als Teil ihres Auftrages in der Welt. In vielen Fällen stellen sie das soziale Gerüst der Proteste und zivilgesellschaftlichen Artikulationen zur Verfügung;
- die Entwicklung des Leitbildes des *Advocacy* als Sich-Zu-Eigen-Machens von Interessen und Rechtsansprüchen Dritter in einer konkreten politischen Situation;
- eine enge Verbindung zwischen religiös-kirchlichen Bewegungen und theologischen Motiven. Es sind Terminologien wie Versöhnung, Sühne oder Bewahrung der Schöpfung, die

wirkmächtig wurden, oft verbunden mit theologischen prominenten Intellektuellen beispielsweise Johann Baptist Metz oder Dorothee Sölle sowie
- die Hervorbringung eines neuen Kommunikationsstils, der auf religiöse Elemente zurückgreift und diese zugleich aktualisiert. Der Evangelische Kirchentag und hier insbesondere der Markt der Möglichkeiten schufen neue kirchliche Organisationsformen und neue Gestalten religiöser Praxis.

Diese Beobachtungen sollen keinesfalls Grund zu der Annahme geben, säkulare und religiöse Akteure in der Zivilgesellschaft hätten sich stets parallel oder symbiotisch entwickelt. Es sind durchaus auch hemmende Faktoren zu nennen wie die Erosion sozialer Milieus und ihrer typischen Organisationsformen oder die zunehmende Privatisierung und Intimisierung von Religion. Glaube wird zunehmend zu einer „Option" (Joas 2012), zu einem Merkmal persönlicher Sinn- und Identitätssuche, zu einem Baustein der eigenen Wahlbiografie. Zunehmend fällt es schwer, das „religiöse Feld" von seiner nichtreligiösen Umgebung analytisch abzugrenzen, die Austauschprozesse und Transfers sind zahlreich zwischen diesen beiden Bereichen. Die zunehmende Konfrontation mit dem Islam führte zur Wiederentdeckung des Paradigmas der Integration im Rahmen der Zivilgesellschaft: Diese wurde nun – und dies gilt bis in die Gegenwart – als „ein Aushandlungsraum kultureller Identitäten verschiedener Gruppen, die dennoch ihr friedliches Zusammenleben organisieren wollen" (Nolte 2015, S. 69) verstanden.

Die gegenwärtige Debatte über Zivilgesellschaft wurde wesentlich durch die Veröffentlichung der Charta 77 von Dissidentinnen und Dissidenten in der damaligen Tschechoslowakei angestoßen. Dem folgten regimekritische Gruppen in anderen sozialistischen Staaten wie Polen, Ungarn und der DDR. Die Erklärung schloss sich an die Schlussakte von Helsinki an und beklagte vor allem Menschenrechtsverletzungen, die Gängelung der Kirchen durch den Staat, die Unterdrückung bürgerlicher Rechte sowie die Unterordnung aller Institutionen und Organisationen unter die kommunistische Partei (vgl. Anhelm 2017, S. 389). Kirchen konnten hier eine wichtige Rolle als Plattform dieser Opposition entwickeln, die sich selbst als zivilgesellschaftlich verstand, in den Worten Jürgen Habermas (2013, S. 47):

„Schrittmacher der Revolution waren jene freiwilligen Assoziationen in den Kirchen, den Menschenrechtsgruppen, den ökologisch und feministische Ziele verfolgenden Oppositionskreisen, gegen deren latenten Einfluß die totalitäre Öffentlichkeit immer schon gewaltsam stabilisiert werden mußte."

5 Der spezifisch kirchliche Beitrag zur Zivilgesellschaft – Rahmen und Formen

Kirchen verfügen über spezifische Möglichkeiten in der Zivilgesellschaft. Das lässt sich institutionell wie auch politisch-ethisch erklären. Aufgrund ihrer historischen Entwicklung verfügen die Kirchen vor allem in ihrer verfassten Gestalt wie kaum ein anderer gesellschaftlicher Akteur über eine Fülle materieller und immaterieller Ressourcen. Dies betrifft Räume, Mitarbeitende und finanzielle Ressourcen (vgl. R. Fischer 2008, S. 95ff.).

Der Theologe Christian Polke macht für die Rollenbeschreibung der Kirchen in der Öffentlichkeit als eine weitere Facette den Begriff der *Governance* stark. Dieser beschreibt neue, nicht-hierarchische Formen der politischen Steuerung und des „Regierens in Netzwerken", sogenannte *Network Governance*. Polke tritt mit Blick auf Religionsgemeinschaften aller Art für eine stärkere Fokussierung auf Handelnde ein. So könnte die Rolle religiöser Deutungsmuster bei der Plausibilisierung, Motivierung und Ausgestaltung sozialen Verhaltens in das Zentrum auch friedensethischer Analysen treten. Er betont hier die Rolle des *Policy-Making*:

> „Im Rahmen dieses auf Kooperation angelegten institutionellen Settings können diese religiösen Akteure mittelbar effektiv auf diejenigen Politikfelder mitgestaltend Einfluss nehmen, die unter anderem mit Friedenspolitik zu tun haben" (Polke 2019, S. 130).

Kirchen können zugleich auch als Lobbyisten verstanden werden. Aus Gründen der Redlichkeit müssten sie ihre eigene Wert- und Überzeugungsbasis ebenso wie ihr Lobbying transparent machen. Friedensethisch hieße es, das politisch-ethische Leitbild des gerechten Friedens auch als ein solches sicht- und erkennbar nach innen und außen zu kommunizieren. Dabei müssten Kirchen sich ihrer eigenen Tradition und geistlichen Grundlage bewusst bleiben und nicht-religiöse Interessenlagen entsprechend reflektieren. Auch dort, wo kirchliche Initiativen staatliche Instanzen oder gesellschaftliche Gruppen unterstützen, gewinnen sie doch nicht deren Rolle. Die Trennung zwischen Staat und Kirche wird nicht infrage gestellt, kirchliches Handeln bleibt zwischen staatlichem Gewaltmonopol und gesellschaftlichem Pluralismus angesiedelt.

> „Zwischen diesen Spannungspolen bewegt sich ein ethisch legitimes und theologisch fundiertes, aber eben eminent politisches Agieren von Kirchen für die Sache eines gerechten Friedens, das zu unterschätzen auch empirisch fahrlässig wäre" (Polke 2019, S. 135).

6 Kirchliche Potenziale in der Zivilgesellschaft realisieren – inhaltliche Aspekte

Ein Aspekt der Ausgestaltung des zivilgesellschaftlichen Engagements lässt sich mit dem Begriff des Öffentlichkeitsauftrages charakterisieren (vgl. etwa EKD 2008; Huber 1973). Dieser ist seit Jahrzehnten im deutschen Protestantismus und Katholizismus verankert. Dort herrscht Konsens, dass die Kirche aufgrund ihrer Botschaft und ihres Grundes im Evangelium dazu aufgerufen ist, sich an Debatten des öffentlichen Lebens zu beteiligen, und dass die Gestaltung des öffentlichen Lebens in einem direkten Zusammenhang mit dem christlichen Glauben steht und eine Aufgabe gelebter kirchlicher Praxis ist.

6.1 Gesellschaft mitgestalten

Nach protestantischem Verständnis sind kirchliche Akteure aufgerufen, Welt mitzugestalten und sich zu Themen der Teilhabe und Gerechtigkeit gesellschaftlich einzubringen. Dabei speist sich der zivilgesellschaftliche Impetus von Kirchen aus einer Pluralität säkularer und religiöser Motive „nicht nur durch seine partizipatorische Art der Selbstorganisation, sondern vor allem durch die normativ-gestalterische zivilisatorische Kultur, die von ihm ausgeht" (Anhelm 2017, S. 390). Kirchliche Formen der Selbstorganisation auf verschiedenen Ebenen wie der Ökumenische Rat der Kirchen oder die Konferenz Europäischer Kirchen, aber auch nationale und regionale Akteure und Organisationen wie Umweltorganisationen oder eben auch Friedensdienste begeben sich in Allianzen und Bündnisse mit anderen, säkularen Beteiligten und nehmen so an öffentlichen Kampagnen teil (vgl. Anhelm 2017,

S. 389f.). Ein solches Beispiel ist die Kampagne „Donnerstags in Schwarz" gegen geschlechtsbezogene Gewalt, initiiert vom Ökumenischen Rat der Kirchen, an der sich mittlerweile zahlreiche Nichtregierungsorganisationen beteiligen. Angebote, Netzwerke und die Fähigkeit zur Selbstorganisation sowie die öffentliche, das heißt über private und kollektive Partikularinteressen hinausgehende, Orientierung sind zentrale Merkmale kirchlichen Engagements (vgl. Nagel 2015, S. 19). Des Weiteren unterscheidet sich kirchliches Handeln von dem aller anderen Akteurinnen und Akteure durch ihre glaubensgeleitete Motivation, die jedem Tun und Lassen zugrunde liegt. Durch diesen Transzendenzbezug ist kirchliches Handeln zum einen mit der gestalterischen Hoffnung des Reiches Gottes begabt, zum anderen aber sich auch der Grenzen menschlichen Gestaltens bewusst, was zu einer heilsamen Demut auch der eigenen politisch-gesellschaftlichen Einschätzungen beitragen kann.

6.2 Das Eigene eintragen

Für die Gegenwart scheint Religion vor allem in kulturellen Konfliktsituationen und grundlegenden Wertedebatten gefragt. Dabei ist für die Debatte die Auffassung zentral, dass religiöse Traditionen und hier besonders das Christentum auf der einen Seite keinen Anspruch auf Allgemeingültigkeit mehr erheben können, während die Sphäre der säkularen Gesellschaft auf der anderen Seite sich zwar durch Allgemeingültigkeit auszeichnet, allerdings Zielbestimmungen eines guten Lebens und konkreter Handlungsmotivationen entbehrt. Gemäß der Habermas'schen Übersetzungsfigur wäre dann eine wechselseitige Ergänzung beider Sphären nötig. Dabei kann die Leistung kirchlicher Akteurinnen und Akteure in der Öffentlichkeit auch darin liegen, gerade nicht die allgemeinen, säkularen Auffassungen des Zusammenlebens „um eine zielbestimmende, sinnstiftende oder motivationsvermittelnde Komponente" (Anselm 2019, S. 146) zu ergänzen:

> „Prononciert formuliert, besteht der Mehrwert gerade nicht in einer Schließung von Lücken, sondern im Präsenthalten von Unabgeglichenheiten. In dieser Perspektive erscheint dann auch die Allgemeinverbindlichkeit der säkular vertretenen Sprache der Moral nicht als Auszeichnung, sondern gerade als Problem, während umgekehrt die Partikularität der Religion gerade kein Manko, sondern die spezifische Stärke für eine Ethik in pluralen Gesellschaften darstellt" (Anselm 2019, S. 147).

Christian Albrecht und Reiner Anselm (2017) sehen in ihrem Konzept des öffentlichen Protestantismus die kirchliche Aufgabe einerseits in der Förderung eines zustimmungsfähigen Hintergrundkonsenses (der Zuwendung zu den Schwachen) und andererseits in der Stellungnahme zu konkreten politischen Sachfragen, die die situativen Kontexte beachtet und auf einen Absolutheitsanspruch verzichtet. Die spezifisch kirchliche Rolle – hier für den Protestantismus gefasst, jedoch nicht exklusiv verstanden – liegt also vor allem in der Wahrnehmung einer vermittelnden Position.

Dies geht meines Erachtens aber nicht weit genug. So sympathisch der Ansatz der Vermittlung erscheint, geht kirchliche Aufgabe doch nicht alleine darin auf. Kirchen haben zwei zentrale Wissensbestände, gespeist aus der kirchlichen Tradition und aus theologischen Reflexionsfiguren, mit denen sie Eigenes und Originelles als Teil der Zivilgesellschaft beitragen können. Dies lässt sich in der überlieferten Formel von Gesetz und Evangelium beschreiben:

> „Erstens weiß sie [die Kirche, Anm. d. Verf.] vom Gesetz. Sie weiß, dass sich die unbedingte moralische Forderung, das Gesetz Gottes, unter Weltbedingungen nur im usus civilis, in der bedingten,

vernünftigen Abwägung zur Geltung bringen lässt. Sie weiß also um die Differenz und Verwiesenheit von unendlichem Verantwortungshorizont und endlichen Ressourcen, unbedingtem Gefordertsein und dem kontingenten Bedingungsgefüge einer Situation; und ihre Stellungnahmen müssen sich daran messen lassen, inwieweit sie dieses Differenzbewusstsein mitführen. Zweitens weiß sie vom Evangelium. Sie weiß, dass zur unbedingten Forderung verlässlich auch Ungenügen und Scheitern gehören (usus elenchticus legis); und sie kann erzählen vom befreienden Wort des Evangeliums an die an unbedingten Ansprüchen Gescheiterten, befreiend auch, getrost weiter im Bedingten zu ackern" (Moos 2018, S. 260f.).

Konkretisieren lässt sich dieser Ansatz etwa mit Blick auf Stellungnahmen aus der kirchlichen Friedensbewegung. Allzu oft scheinen die Kategorien gut und schlecht, richtig und falsch eindeutig zugeordnet, von denen, den Anderen, ist in der dritten Person Plural voller Angst und Sorge die Rede. Hier könnte vielleicht ein wenig mehr Sündenbewusstsein zu etwas mehr Bescheidenheit verhelfen. Umgekehrt müsste dann die Verwendung biblischer Semantik nicht sofort als Biblizismus verurteilt werden, sondern könnte auch eine symbolische Einhegung moralischer Unbedingtheit darstellen, die das Andere, das Visionäre, in die Sprache vergangener Jahrtausende kleidet.

Neben jenen religiösen Deutungsmustern haben Kirchen auch die Möglichkeit, friedensethische Diskurse von ihrer religiösen Dimension zu entlasten. „Religion ist (weit mehr als, aber insbesondere) eine rationale Kulturtechnik der Pflege und des In-Schach-Haltens von Erwartungsüberschüssen" (Moos 2019, S. 105). Gerade friedensethischem Argumentieren und friedenspolitischem Handeln ist ein Erwartungsüberschuss eigen, spielen stets doch auch Visionen einer anderen, einer besseren Welt eine entscheidende Rolle. Diese Erwartungsüberschüsse stärken und bewahren den „Geist" des Handelns, aber sie können das eigene Nachdenken und Handeln auch von innen heraus sprengen. Die religiöse Rationalität „liegt dann darin, sich zu solchen Erwartungsüberschüssen zu verhalten und das klug zu tun: sie einerseits zu pflegen und sie andererseits in Schach zu halten" (Moos 2019, S. 105). Hier zeigt sich deutlich, dass kirchliches Handeln im gesellschaftlichen Kontext in Voraussetzungen gründet, die transzendent verwurzelt auf die eschatologische Hoffnung verweisen.

Was sind nun solche Überschüsse, die den Debatten eigen und zugleich Teil religiöser Rationalität sind? So sind es etwa die Transzendenzreferenz und Ewigkeitserwartung, die einen spezifischen Beitrag der Kirchen zur Zivilgesellschaft darstellen können. Dies verbindet sie mit den anderen beiden abrahamitischen Religionen. Das gesamte Weltgeschehen erfährt so eine zweite Begründungsebene, etwa durch die Gewissheit, dass das eigene Leben nicht der Sinnlosigkeit preisgegeben wird (vgl. R. Fischer 2008, S. 100). Diese kann religiöse Individuen und Gruppen motivieren, die Realität gestalten und verändern zu wollen oder zumindest das eigene Scheitern und Leiden sinnhaft zu deuten.

6.3 Friedensethische Relevanz entfalten

Es gilt, kirchliche Friedensarbeit wahr- und ernst zu nehmen, in aller Polarität und polemischer Schärfe der Abgrenzung, die ihr eigen ist, als Ausdruck zivilgesellschaftlichen Engagements, und diese friedensethisch und theologisch zu reflektieren. Besonders müsste hierbei auch dem Schatz der eigenen Tradition theologischen Nachdenkens und des Umganges mit Pluralität wie der Fülle erfahrungsgesättigter kirchlicher Praxisformen, etwa in der Liturgie, Rechnung getragen werden. Diesen Ritualen ist ein hohes Maß an Integrationspotenzial eigen, um Individuen zu sammeln und symbolisch in eine soziale Gemeinschaft zu transformieren (vgl. R. Fischer 2008, S. 101). Sie haben das Potenzial, andere Macht- und

Gestaltungsmuster zu imaginieren und zu antizipieren. Zugleich ist es entscheidend, auch jene Aktivismusformen jenseits der (politisch eher linksgerichteten) Friedensbewegung in den Blick zu nehmen. Dazu sei hier zum Schluss ein Beispiel angeführt, das eine solche Form des kontinuierlichen Engagements im Kleinen darstellt, getragen von den Traditionen und Erfahrungen des christlichen Glaubens: Seit Jahren beten wechselnde ökumenische Männergruppen aus der Diözese Freiburg bei der Gebetswache auf dem Lindenberg Tag und Nacht für Frieden. Begonnen hatte die Gebetswache 1955 aus Anlass der Reise Konrad Adenauers in die Sowjetunion zu den Verhandlungen über die Rückkehr der letzten deutschen Kriegsgefangenen und sie dauert bis heute an (vgl. Rüffer 2016, S. 44).

Literatur

Adloff, Frank. 2005. *Zivilgesellschaft. Theorie und politische Praxis*. Frankfurt a. M.: Campus.

Adloff, Frank. 2009. Kirchen, Religion und Zivilgesellschaft – soziologisch-komparative Perspektiven. In *Zwischen Fürsorge und Seelsorge. Christliche Kirchen in den europäischen Zivilgesellschaften seit dem 18. Jahrhundert*, hrsg. von Arnd Bauerkämper und Jürgen Nautz, 25–46. Frankfurt a. M.: Campus.

Albrecht, Christian und Reiner Anselm. 2017. *Öffentlicher Protestantismus. Zur aktuellen Debatte um gesellschaftliche Präsenz und politische Aufgaben des evangelischen Christentums*. Zürich: Theologischer Verlag.

Anhelm, Fritz Erich. 2017. Zivilgesellschaft. In *Von Arbeit bis Zivilgesellschaft. Zur Wirkungsgeschichte der Reformation*, hrsg. von Gerhard Wegner, 380–390. Leipzig: Evangelische Verlagsanstalt.

Anselm, Reiner. 2019. Ausblick: Wie lässt sich der Pluralismus in der Ethik aufrechterhalten? In *Ethik in pluralen Gesellschaften*, hrsg. von Sarah Jäger und Reiner Anselm, 141–153. Wiesbaden: Springer VS.

Bauerkämper, Arnd und Jürgen Nautz. 2009. Einleitung: Zivilgesellschaft und christliche Kirchen – wechselseitige Bezüge und Distanz. In *Zwischen Fürsorge und Seelsorge. Christliche Kirchen in den europäischen Zivilgesellschaften seit dem 18. Jahrhundert*, hrsg. von Arnd Bauerkämper und Jürgen Nautz, 7–24. Frankfurt a. M.: Campus.

Brumlik, Micha. 1991. Was heißt „Zivile Gesellschaft"? Versuch, den Pudding an die Wand zu nageln. *Blätter für deutsche und internationale Politik* 36 (8): 987–993.

Evangelische Kirche in Deutschland (EKD). 2008. *Das rechte Wort zur rechten Zeit. Eine Denkschrift des Rates der Evangelischen Kirche in Deutschland zum Öffentlichkeitsauftrag der Kirche*. Gütersloh: Gütersloher Verlagshaus.

Fischer, Karsten. 2005. „Zivilgesellschaft" als Problemindikator – Semantik und Perspektiven einer Begriffskarriere. In *Zivilgesellschaft auf dem Prüfstand. Argumente – Modelle – Anwendungsfelder*, hrsg. von Julia Inthorn und Christian Apfelbacher, 20–32. Stuttgart: Kohlhammer.

Fischer, Ralph. 2008. *Kirche und Zivilgesellschaft. Probleme und Potentiale*. Stuttgart: Kohlhammer.

Graf, Friedrich Wilhelm und Klaus Große Kracht. 2007. Einleitung: Religion und Gesellschaft im Europa des 20. Jahrhunderts. In *Religion und Gesellschaft. Europa im 20. Jahrhundert*, hrsg. von Friedrich Wilhelm Graf und Klaus Große Kracht, 1–41. Köln: Böhlau Verlag.

Großbölting, Thomas. 2013. *Der verlorene Himmel. Glaube in Deutschland seit 1945*. Göttingen: Vandenhoeck & Ruprecht.

Große Kracht, Hermann-Josef. 1997. *Kirche in ziviler Gesellschaft. Studien zur Konfliktgeschichte von katholischer Kirche und demokratischer Öffentlichkeit*. Paderborn: Ferdinand Schöningh.

Habermas, Jürgen. 1993. *Faktizität und Geltung. Beiträge zur Diskurstheorie des Rechts und des demokratischen Rechtsstaats*. 3. Aufl. Frankfurt a. M.: Suhrkamp.

Habermas, Jürgen. 2001. *Glauben und Wissen. Friedenspreis des deutschen Buchhandels*. Frankfurt a. M.: Suhrkamp.

Habermas, Jürgen. 2013. *Strukturwandel der Öffentlichkeit*. 13. Aufl. Frankfurt a. M.: Suhrkamp.

Hillgruber, Christian. 2007. Der öffentlich-rechtliche Körperschaftsstatus nach Art. 137 Abs. 5 WRV. In *Staatskirchenrecht oder Religionsverfassungsrecht? Ein begriffspolitischer Grundsatzstreit*, hrsg. von Hans-Michael Heinig und Christian Walter, 213–227. Tübingen: Mohr Siebeck.

Hölzing, Philipp. 2012. Öffentlichkeit und Privatheit. Rekonstruktion einer Unterscheidung am Beispiel der Theorie von Jürgen Habermas. *zeitschrift dikurs* 8 (1): 34–65.

Huber, Wolfgang. 1973. *Kirche und Öffentlichkeit*. Stuttgart: Klett.

Joas, Hans. 2012. *Glaube als Option. Zukunftsmöglichkeiten des Christentums*. Freiburg i.Br.: Herder Verlag.

Kocka, Jürgen. 2000. Zivilgesellschaft als historisches Projekt: Moderne europäische Geschichtsforschung in vergleichender Absicht- In *Europäische Sozialgeschichte. Festschrift für Wolfgang Schieder*, hrsg. von Christof Dipper, Lutz Klinkhammer und Alexander Nitzenadel, 475–484. Berlin: Duncker & Humblot.

Klein, Ansgar. 2001. *Der Diskurs der Zivilgesellschaft – Politische Kontexte und demokratietheoretische Bezüge der neueren Begriffsverwendung*. Wiesbaden: Springer VS.

Moos, Thorsten. 2018. Moralisches Unbehagen. Die theologische Debatte um Flucht und Migration und das Verhältnis von Politik und Moral. *Zeitschrift für Evangelische Ethik* 62 (4): 248–262.

Moos, Thorsten. 2019. Religiöse Rationalität des Helfens. Systematisch-theologische Beiträge zu einer Theorie diakonischer Praxis. *Zeitschrift für Evangelische Ethik* 63 (2): 104–116.

Nagel, Alexander-Kenneth. 2015. Religiöse Netzwerke: Die zivilgesellschaftlichen Potentiale religiöser Migrantengemeinden. In *Religiöse Netzwerke: Die zivilgesellschaftlichen Potentiale religiöser Migrantengemeinden*, hrsg. von Alexander-Kenneth Nagel, 11–35. Bielefeld: transcript.

Nolte, Paul. 2015. Vorreiter oder Verlierer? Das religiös-kirchliche Feld in den Umbrüchen der westdeutschen Zivilgesellschaft seit den 1960er Jahren. In *Neue Soziale Bewegungen als Herausforderung sozialkirchlichen Handelns*, hrsg. von Wilhelm Damberg und Traugott Jähnichen, 49–72. Stuttgart: Kohlhammer.

Palaver, Wolfgang. 2009. Zwischen nach-konstantinischer Antipolitik und einer Zivilisation der Liebe: Die katholische Soziallehre zur Zivilgesellschaft. In *Zwischen Fürsorge und Seelsorge. Christliche Kirchen in den europäischen Zivilgesellschaften seit dem 18. Jahrhundert*, hrsg. von Arnd Bauerkämper und Jürgen Nautz, 63–78. Frankfurt a.M.: Campus.

Pickel, Gert. 2014. Religiöses Sozialkapital. Evangelische Kirche als Motor gesellschaftlichen Engagements. In *Engagement und Indifferenz. Kirchenmitgliedschaft als soziale Praxis. V. EKD-Erhebung über Kir-*

chenmitgliedschaft, hrsg. von der Evangelischen Kirche in Deutschland, 108–116. Hannover: EKD.

Polke, Christian. 2019. Kirchen, Staat und der gerechte Frieden. Eine evangelische Perspektive. In *Gerechter Frieden als ekklesiologische Herausforderung*, hrsg. von Sarah Jäger und Fernando Enns, 105–137. Wiesbaden: Springer VS.

Rössler, Dietrich. 1994. *Grundriß der Praktischen Theologie*. 2. Aufl. Berlin: De Gruyter.

Roßteutscher, Sigrid. 2009. *Religion, Zivilgesellschaft, Demokratie. Eine international vergleichende Studie zur Natur religiöser Märkte und der demokratischen Rolle religiöser Zivilgesellschaften*. Baden-Baden: Nomos.

Rüffer, Anita. 2016. Wache Männer. *Publik-Forum* 44 (10): 44.

Schreiber, Monica. 2012. *Kirche und Europa. Protestantische Ekklesiologie im Horizont europäischer Zivilgesellschaft*. Berlin: De Gruyter.

Wendt, Wolf Rainer. 1996. Bürgerschaft und zivile Gesellschaft. Ihr Herkommen und ihre Perspektiven. In *Zivilgesellschaft und soziales Handeln – Bürgerschaftliches Engagement in eigenen und gesellschaftlichen Belangen*, hrsg. von Wolf Rainer Wendt, 13–77. Freiburg i.Br.: Lambertus.

Die Rolle von Zivilgesellschaft in stabilen Autokratien am Beispiel der Russischen Orthodoxen Kirche

Thomas Bremer und Maria Toropova

1 Einleitung

Seit den politischen Veränderungen in Mittel- und Osteuropa vor etwa 30 Jahren wächst die politische und öffentliche Bedeutung von Zivilgesellschaft. Die neuen Medien als einfach zugängliches Mittel zur Mobilisierung der Bevölkerung und Meinungsäußerung sowie die Welle der revolutionären Prozesse der letzten Jahrzehnte haben die Debatte über die emanzipatorische Rolle der Zivilgesellschaft und ihre Bedeutung für die Transition zur Demokratie verstärkt. Allerdings wirkt Zivilgesellschaft nicht ausschließlich demokratiefördernd. Das Phänomen der „unzivilen zivilen Gesellschaften" (Berman 2003) ist seit Jahren bekannt, gewinnt nun aber unter den Umständen einer immer steigenden Popularität der konservativen politischen und gesellschaftlichen Kräfte an Bedeutung. Die Schattenseite der Zivilgesellschaft zeigt sich auch in Staaten mit einer etablierten, viel öfter jedoch in solchen mit einer defekten Demokratie. Die Ambivalenz der Zivilgesellschaft spiegelt sich in einer immer größeren Anzahl der Akteure wider, die die Zivilgesellschaft bilden und prägen. Eine globale Omniprä-

© Springer Fachmedien Wiesbaden GmbH, ein Teil von Springer Nature 2019
I.-J. Werkner und M. Dembinski (Hrsg.), *Gerechter Frieden jenseits des demokratischen Rechtsstaates*, Gerechter Frieden,
https://doi.org/10.1007/978-3-658-27575-4_7

senz der religiösen Komponente in den politischen Agenden vieler Staaten führte dazu, dass die religiösen Akteure mehr Autorität in der Bevölkerung als jemals in der Moderne genießen.

In diesem Beitrag untersuchen wir, wie die Zivilgesellschaft, und noch einmal speziell religiöse Akteure in ihr, in stabilen autokratischen Regimen agieren: Können sie demokratische Ansätze in den Diskurs einbringen beziehungsweise fördern und so letzten Endes zu einem Regimewechsel beitragen? Oder passt sich die Zivilgesellschaft eher dem autoritären System an und entwickelt sich in ihm, auch ohne Bestreben, das gesamte System zu einer Transition zu bringen? Im Folgenden wird diese Frage im Hinblick auf stabile Autokratien analysiert. Ein besonderer Fokus wird auf das kirchliche Zivilengagement gelegt, haben die religiösen Institutionen in der Post-Säkularisierung doch dramatisch an Bedeutung gewonnen. Ein Sonderbeispiel stellt in diesem Zusammenhang die Russische Orthodoxe Kirche dar; hier fand die Evolution der Kirche nach dem Zerfall der Sowjetunion parallel mit dem Systemwechsel in Russland statt.

2   Zum Begriff der Zivilgesellschaft

Es gibt viele verschiedene Versuche und Ansätze, den Begriff „Zivilgesellschaft" zu definieren. Als Ausgangspunkt für die folgenden Überlegungen nehmen wir die Definition von Michael Bernhard, wonach die Zivilgesellschaft

> „ein öffentlicher Raum [ist], der zwischen der staatlichen und der privaten Sphäre angesiedelt ist, von einer Vielzahl autonomer und vom Staat rechtlich getrennter Organisationen ausgefüllt wird und der den Akteuren innerhalb dieses öffentlichen Raums individuelle und kollektive Freiheiten garantiert, die es ihnen ermöglichen,

ihre Interessen zu verfolgen" (Bernhard 1996, zit. nach Fein und Matzke 1997).

Wir verstehen unter Zivilgesellschaft[1] also denjenigen gesellschaftlichen Bereich, der jenseits von Staat, Wirtschaft und Familie ist. Allerdings verbindet er durch seine Existenz diese Sektoren miteinander und vermittelt zwischen ihnen. In unserer Verwendung hat die Zivilgesellschaft eine normative Konnotation. Sie betrachtet ihr Wirken als demokratiefördernd, gewaltmindernd sowie gerechtigkeitsvermehrend und richtet es danach aus. Zudem schließt sie für sich selber und ihr Agieren Gewalt sowie materiellen Profit aus. Die Zielsetzungen der Zivilgesellschaft „betreffen immer auch die res publica" (Merkel und Lauth 1998, S. 7) und sie hat notwendig eine *watchdog*-Funktion gegenüber dem Staat. Im Folgenden sind also nur die Formen gesellschaftlicher Zusammenschlüsse, bei denen diese Bedingungen erfüllt sind, als zivilgesellschaftliche zu verstehen. Auch wenn die Ränder einer solchen Definition immer unscharf sind, so ist sie doch für unsere Fragestellung hinreichend.

Das klassische Verständnis von Zivilgesellschaft wird stark mit der Transition zur Demokratie konnotiert. Um eine gewisse Einseitigkeit der Begriffsentfaltung zu vermeiden, gehen wir von der Annahme aus, dass die Zivilgesellschaft eine Ambivalenz beinhaltet und die Zusammenhänge zwischen Zivilgesellschaft, Staat und Regime komplizierter als rein emanzipatorisch sind (vgl. Grande 2018).

---

1 Es ist ohne Zweifel, dass mit einem anderen Ansatz andere Ergebnisse in Bezug auf die Frage erzielt werden, welche Rolle die Zivilgesellschaft in nicht-demokratischen, autoritären Regimen spielen kann.

3 Zivilgesellschaft und Staatlichkeit

Die Autoritarismusforschung unterscheidet ein breites Spektrum von autoritären Regimen, von hybriden Regimen bis zum Totalitarismus. Laut den etablierten Typologien autokratischer Herrschaft wird der Zivilgesellschaft in hybriden und autokratischen Regimen in unterschiedlichem Maße Handlungsraum gelassen; totalitäre Regime schließen sie sogar gänzlich aus.

Die Zivilgesellschaft wird von der jeweiligen Herrschaftsform direkt geprägt. Während sie in demokratischen Systemen eine Kontrollfunktion in Bezug auf den Staat ausübt, ist das in autokratischen Regimen nur selten der Fall. Klassisch ist die emanzipative Funktion der Zivilgesellschaft, die eine gewaltfreie Transition zur demokratischen Ordnung als Ziel anvisiert. Das ist auch die Rolle der dissidentischen Zivilgesellschaften in den mittel- und osteuropäischen Ländern während der kommunistischen Herrschaft gewesen, wobei auch hier schon sehr unterschiedliche Motivationen im Hintergrund standen. Auch waren und sind sie in verschiedenem Maße erfolgreich. Ein Vergleich von Polen und Jugoslawien zeigt, dass aufgrund sehr unterschiedlicher Rahmenbedingungen das zivilgesellschaftliche Engagement erfolgreich sein (wie in Polen mit einem zwar autoritären Regime, aber mit gemeinsamer Identität und starkem Rückhalt in der Bevölkerung) oder aber kaum Wirkung haben kann (so im liberaleren Jugoslawien, wo es aber nur geringe Gemeinsamkeiten der zivilgesellschaftlichen Akteure und wenig Rückhalt für sie in der Bevölkerung gab).

Hans-Joachim Lauth und Wolfgang Merkel (1997) definieren die Merkmale der Zivilgesellschaft durch die Elemente Toleranz, Fairness, Bürgersinn, Ausschluss nicht legitimer physischer Gewalt sowie Bewahrung der Distanz zum Staat, betonen dabei aber, dass die Zivilgesellschaft nicht per se emanzipatorisch ist, sondern auch stagnationsfördernd wirken könne, indem sie den gesellschaftlichen

Status quo bewahre. Zugleich ist immer öfter zu beobachten, dass die Zivilgesellschaft in stabilen nicht-demokratischen Systemen charakteristische Merkmale und Tendenzen des herrschenden Regimes widerspiegelt und nachbildet. Unter diesen Umständen wird die Trennschärfe zwischen Zivilgesellschaft und vom Staat initiierten gesellschaftlichen Gruppierungen, aber auch die zwischen Zivilgesellschaft und der staatsbürgerlichen Mehrheit immer diffuser. Die Zivilgesellschaft polarisiert sich in stabilen Autokratien oft in zwei Flügel, die entweder in Opposition zum herrschenden System stehen oder eben die Allianz mit der machthabenden Führung suchen. Eine solche Polarisierung kann entstehen, wenn der Übergang oder die Rückkehr zur Autokratie ein Resultat der Regression einer defekten Demokratie ist.

Die Wirkungsmöglichkeiten zivilgesellschaftlichen Agierens hängen sehr stark davon ab, welchen Aktionsradius die Regime der Zivilgesellschaft zugestehen. Oft gewähren gemäßigte autoritäre Regime der Zivilgesellschaft bewusst einen Spielraum, um sich als eine „Fassaden-Demokratie" darzustellen. So werden etwa für die Legitimierung von Wahlen unabhängige Expertise und Überwachung benötigt. Dafür entstehen semi-unabhängige Organisationen, die die Wahlbeobachtung übernehmen; sie sind vom Regime gegründet worden und werden eingesetzt, um die internationale Kritik an möglichen Wahlmanipulationen zu verhindern oder abzumildern und um den Anschein fair verlaufener Wahlen zu erwecken. Zugleich werden vom Regime unabhängige Wahlbeobachtungs-NGOs stark behindert und in ihrem Wirken eingeschränkt. Umgekehrt werden auch Wahlen in demokratischen Staaten beobachtet und dort auftretende Ungenauigkeiten als aufgedeckte Skandale präsentiert, um dem Verfahren „Wahlen" überhaupt Legitimität zu nehmen.

Das Phänomen der Entstehung solcher Organisationen ist für diejenigen Staaten charakteristisch, die trotz ihrer autokratischen

Form der Herrschaft außenpolitische Isolation und Stigmatisierung vermeiden wollen. Hierfür ist das Vorhandensein einer vermeintlich funktionierenden Zivilgesellschaft, wobei allerdings zivilgesellschaftliches Handeln nur begrenzt zugelassen wird, eines der wichtigsten Merkmale. Das bringt politische Dividende nicht nur nach außen, sondern auch nach innen, besonders wenn die herrschende Regierung das Regierendendilemma vermeiden will. Da es unmöglich ist, die Macht absolut zu konsolidieren, wird für die Stabilität des Systems ein kooperationsbereites Netzwerk benötigt (vgl. Abbott et al. 2018). Das Engagement zivilgesellschaftlicher NGOs innerhalb autokratischer Systeme entschärft die innergesellschaftliche Spannung und schafft eine Dialogplattform mit den staatlichen Institutionen, die die Macht in ihren Händen halten. Das ermöglicht eine kontrollierte und sehr begrenzte politische Partizipation der Zivilgesellschaft, ohne das Gewaltmonopol der bestehenden Machtkonstellation zu untergraben. Dadurch kann diese Art von Zivilgesellschaft in autoritären Regimen auch Stabilität garantieren.

In Staaten, in denen die Autokratien eine dauerhafte Stabilität aufweisen, ist die Evolution eines weiteren Verständnisses von Zivilgesellschaft zu beobachten. Hier liegt häufig der Fokus nicht in erster Linie auf die Abschaffung des Systems und weitgehende Umwandlung des Staates sowie seiner Strukturen, sondern darauf, gewaltmindernd und gerechtigkeitsvermehrend zu wirken. Es besteht dabei aber die Gefahr, dass solche Initiativen nicht immer das Gemeinwohl fördern, sondern lediglich im Interesse einer Gruppe innerhalb der Gesellschaft agieren. Dies führt zwar zur Möglichkeit einer relativ großen politischen Partizipation der Gesellschaft in der nicht-demokratischen Ordnung, nicht aber zur Steigerung der Gerechtigkeit und Stärkung der Menschenrechte, und es verschärft potenziell die Verteilungskonflikte zwischen verschiedenen Bevölkerungsgruppen. In diesem Zusammenhang ist es interessant zu untersuchen, welche Rolle die religiösen beziehungsweise christlichen Akteure in der Zivilgesellschaft einnehmen, und inwieweit sie überhaupt als ein Teil der Zivilgesellschaft verstanden werden können, wenn sie trotz des Universalitätsanspruchs der Religion im Namen einer bestimmten Gruppe oder politischen Tendenz agieren.

4 Die Rolle der Kirchen in der Zivilgesellschaft

Eine besondere Stellung im zivilgesellschaftlichen Bereich haben Kirchen und Religionsgemeinschaften. Die Vorstellung von einer Zivilgesellschaft setzt eine Trennung zwischen dem Staat, der privaten Lebenswelt, dem Wirtschaftssystem und der dazwischen liegenden Gesellschaft voraus. Sie bedeutet, dass die Lebenswelt der Menschen sektoriert ist und die Bürgerinnen und Bürger als Subjekte politischen Handelns eine eigene, unabhängige politische Öffentlichkeit bilden. Dadurch verbindet die Zivilgesellschaft jedoch auch die einzelnen Sphären. Gerade angesichts der Globalisierung und der abnehmenden Bedeutung von Nationalstaaten erhält die Zivilgesellschaft immer größere Bedeutung.

Die Antwort auf die Frage, wie sich Religion zur Zivilgesellschaft verhält, hängt damit auch von der Stellung der Religion in einer konkreten Gesellschaft ab. Werden Religion und religiöser Glaube lediglich als Privatangelegenheit der und des Einzelnen verstanden, die keine Bedeutung für das gesellschaftliche Zusammenleben hat, so gibt es kaum Berührungspunkte zur Zivilgesellschaft. Das gleiche gilt umgekehrt für Staaten und Systeme, in denen die Religion ausdrücklich als staatliche Angelegenheit verstanden wird. Interessant ist die Frage nach der Beziehung zwischen Religion und Zivilgesellschaft jedoch dann, wenn eine religiöse Überzeugung beansprucht, nicht nur sinnstiftend für das Leben der und des Einzelnen zu sein, sondern auch gesellschaftliche Implikationen zu haben.

Das betrifft einerseits die Bildung einer Glaubensgemeinschaft, wie es etwa im Christentum mit der Kirche der Fall ist. Das bedeutet also, dass eine relevante Zahl von Anhängerinnen und Anhängern desselben Glaubens eine Gemeinschaft bildet, die dann öffentlich präsent ist, auftritt, Interessen und Forderungen hat und sie vertritt. An der Form der verschiedenen Beziehungen christlicher Kirchen zu den einzelnen Staaten lässt sich das deutlich sehen.

Andererseits betrifft diese besondere Beziehung auch das Phänomen, dass Glaubensgemeinschaften ihrerseits prägend auf die Umgebung, in der sie leben, wirken wollen. Hierfür gibt es verschiedene Beispiele, etwa theokratische Staaten der Geschichte oder Gesellschaften mit Staatsreligion, aber auch das Christentum selbst, insofern es für jede Gesellschaft eine gestaltende Kraft beansprucht.

Der christliche Glaube versteht sich als eine Weltanschauung, die insofern absolut ist, als sie eine vollständige Erklärung der Welt bietet, also eine, die auch für diejenigen Gültigkeit beansprucht, die nicht Christinnen und Christen sind. Hier tritt ein gewisser Konflikt zutage, den zu überwinden die Kirchen des Westens lange Zeit gebraucht haben. Nach ihrem Verständnis muss der Anspruch des Christentums, eine auch für andere gültige Welterklärung zu bieten, nicht notwendig mit dem Anspruch anderer konfligieren. Der christliche Glauben beansprucht, seine Wahrhaftigkeit auf dem Forum der Vernunft nachweisen zu können – auch wenn dies den Kirchen historisch oft nicht bewusst war, so dass sie bereit waren, die Gültigkeit des Christentums auch mit Gewaltmitteln durchzusetzen.

Nun scheinen sich die Vorstellung einer absoluten Religion (wie es das Christentum ist) und die von der Zivilgesellschaft zu widersprechen. Zivilgesellschaft impliziert, dass alle Bürgerinnen und Bürger gleichberechtigt für das eintreten können, was ihnen wichtig ist. Grundsätzlich kann es keine Bevorzugung der einen oder anderen Gruppe, des einen oder anderen Interesses geben. In dem Moment, in dem es aufgrund historischer Tradition, staatlicher Intervention oder sonstigen Drucks eine besondere Bevorzugung einer bestimmten religiösen Gruppe gibt, die eine solche Bevorzugung auch akzeptiert oder gar verlangt, lässt sich nicht mehr ohne Weiteres davon sprechen, dass es einen „Markt" gibt, also ein gleichberechtigtes Angebot ganz unterschiedlicher Arten, wie es eigentlich das Spezifikum von Zivilgesellschaft ist.

Die Kirchen sind jedoch heute in vielen Ländern Europas keine gesellschaftliche Kraft, die von sich heraus die Verhältnisse in Staat und Gesellschaft bestimmen können. Sie müssen sich damit zurechtfinden, dass sie in einem Staat leben, der zwar eine christliche Tradition hat, aber selbst weltanschaulich neutral ist. Heute sehen die großen Kirchen in Deutschland die Neutralität des Staates als einen Vorzug an. Sie zu erreichen hat lange gedauert und wurde oft nur gegen Widerstand ermöglicht, sie hat aber die Kirchen in eine Position gebracht, in der sie viel bewirken können. Aufgabe der Kirchen ist es, in dieser Situation die christlichen Werte diskursiv herauszuarbeiten, sie zu verkünden und sie ungeachtet der Frage, wie populär sie sind, immer wieder zu betonen. Die Kirchen stehen der Gesellschaft also nicht gegenüber, sondern leben in ihr und beabsichtigen, diese entsprechend ihrer Stellung von innen zu gestalten. Das ist von einem christlichen Staat oder einer staatlich verordneten christlichen Gesellschaft zu unterscheiden.

Das Verhältnis der Religionsgemeinschaften und Kirchen zur Zivilgesellschaft wird aber auch durch ein weiteres, wichtiges Merkmal geprägt: durch die Staatsform. Die Frage ist für uns also, wie sich die Stellung von Religion in einer Autokratie abbildet und welche Folgen das für eine mögliche Veränderung der Gesellschaft hat.

5 Religionsgemeinschaften und Kirchen in stabilen autokratischen Regimen

Es gibt radikale Formen der Autokratie, die eine religiöse Diktatur darstellen. Unter solchen Umständen wird der gesamte Komplex gesellschaftlicher Regeln (inklusive höchst repressiver) durch Religion, und zwar durch eine bestimmte in einer bestimmten Auslegung, legitimiert. Dabei ist die religiöse Institution kein Teil der Zivilgesellschaft, sondern die höchste Instanz, die das Gesamtreglement eines solchen Staates festlegt. Viel öfter sind aber religiöse Institutionen gezwungen, sich mit der komplexen Realität eines autokratischen Systems zu konfrontieren. So versuchen die Kirchen ungeachtet oder in Umsetzung ihrer im engeren Sinne religiösen, soteriologischen Aufgabe, die sozialpolitischen Realien anzuerkennen, in denen sie agieren müssen. Das Engagement der Kirchen wird dabei nicht nur von ihrer Verankerung in der Gesellschaft, sondern auch von der Beziehungskonstellation zum Staat relativiert. Historisch entwickelten sich unterschiedliche Formen der Koexistenz kirchlicher und weltlicher Akteure, die sehr unterschiedlich klassifiziert werden. Häufig wird die Klassifizierung von Gerhard Robbers (2003) übernommen, die er als Trennungsskala ausgearbeitet hat. In dieser definieren sich die Beziehungen zwischen Staat und Kirche aufgrund ihrer institutionellen Trennung beziehungsweise Nähe. Danach unterscheidet Robbers drei Typen: Trennungsländer (wie Frankreich), Kooperationsmodelle (zur Lösung von gemeinsamen Aufgaben wie in Deutschland) und Staatskirchensysteme (beispielsweise in England).

Einen besonderen Fall stellen in diesem Kontext die orthodoxen Kirchen dar. So werden im orthodoxen Raum oft enge Kooperationsmodelle der Beziehungen zwischen Staat und Kirche favorisiert und das *Symphonia*-Modell wird als Idealform der Koexistenz gesehen. Der Begriff der *Symphonia*, wörtlich „Zusammenklang", wurde erstmals in der Vorrede zur 6. Gesetzesnovelle des byzantinischen Kaisers Justinian (6. Jahrhundert) verwendet und impliziert das Zusammenspiel der weltlichen und kirchlichen Mächte zum Wohle des gemeinsamen Ganzen (vgl. J. Beljakowa 2010). Das *Symphonia*-Modell ist von der Annahme geleitet, dass die Sphären des Staates und der Kirche eine Einheit bilden, was unvermeidlich zu einer Kooperation zwischen Kirche und Staat führe. Dadurch entsteht die Notwendigkeit der Annäherung beider Seiten: Der Staat hat in diesem Konzept die Rolle der Schutzmacht für die Kirche inne, während die Kirche die weltliche Macht unterstützt (vgl. Losenhand 2007, S. 23) – so ist auch die ursprüngliche Verwendung bei Kaiser Justinian. Allerdings sollen, so moderne orthodoxe Theologen, Kirche und Staat eine Verschmelzung vermeiden, da die Kirche ekklesiologisch eine vom Staat unterschiedliche Natur habe (vgl. Nikolaou 2011, S. 128f.); daher gehören die politischen Fragen nicht zum Aufgabenbereich der Kirche. Dieses Paradox hängt damit zusammen, dass sich die Terminologie des 6. Jahrhunderts, als der Begriff geprägt wurde, nicht auf die Realitäten der Moderne übertragen lässt. Indikativ dafür ist, dass Justinian nicht von „Staat" und „Kirche" spricht, sondern von „Königreich" und „Priesterschaft". Das Problem wird dadurch verschärft, dass die Mehrheit der orthodoxen Gläubigen in Staaten lebt, in denen die orthodoxen Kirchen als Nationalkirchen organisiert sind. Das führt oft zu einer Nivellierung der ekklesiologisch vorgeschriebenen Distanz zum Staat.

6 Das Fallbeispiel der Russischen Orthodoxen Kirche

Die Russische Orthodoxe Kirche stellt in diesem Zusammenhang einen Sonderfall dar. Das gilt schon hinsichtlich ihrer Entstehung: Während die meisten orthodoxen Kirchen der Antike (so die Patriarchate von Konstantinopel, Alexandria, Antiochien und Jerusalem) heute in einer Minderheitensituation leben und sich auf mehrere Staaten erstrecken, haben die in der Neuzeit entstandenen südosteuropäischen Kirchen (etwa Serbien, Griechenland, Rumänien) eine sehr enge Beziehung zu dem Nationalstaat, in dem sie jeweils leben. Die Russische Orthodoxe Kirche dagegen wurde als Kirche eines Reiches selbstständig und hat damit historisch weniger nationalen als vielmehr imperialen Charakter (eine Distanz zum Nationalismus und die Betonung der Multinationalität der Kirche zeigen sich gegenwärtig sehr deutlich an den Auseinandersetzungen um die ukrainische Orthodoxie).

Nach dem Auseinanderbrechen der UdSSR fand im postsowjetischen Raum parallel zu den Prozessen der Globalisierung eine Renaissance der Religion statt. Im Unterschied zu den Säkularisierungsprozessen in (West-)Europa erlebte Russland nach dem Ende der kommunistischen Unterdrückung eine Wiedergeburt der Russischen Orthodoxen Kirche. Das wurde auch dadurch möglich, dass sie die einzige Institution war, die – auch unter den Bedingungen eines militanten Atheismus – eine alternative Position zur herrschenden kommunistischen Ideologie einnehmen konnte. Dadurch war die Reputation der Russischen Orthodoxen Kirche nach der sowjetischen Zeit nicht diskreditiert. Die Kirche konnte ihre Autorität in der Bevölkerung über die Jahrzehnte aufrechterhalten beziehungsweise wiedererlangen, und sie nimmt nun mitten in der russischen Gesellschaft energisch ihre „alte" neue Rolle ein (vgl. Anderson 2007; Scherrer 2008). So bezeichneten sich 2015 mehr als 70 Prozent der russischen Bevölkerung als orthodox (Pew Research Center 2017). Die kirchliche Einordnung in die postsowjetische russische Gesellschaft verlief parallel zur politischen Reorientierung des Landes, die zu verschiedenen Zeiten sehr unterschiedlichen Charakter trug.

Was die politische Entwicklung Russlands anbelangt, waren die 1990er Jahre sehr stark von dem Versuch einer Demokratisierung geprägt. Als Demokratie wird hier eine Herrschaftsform verstanden, die auf der Norm politischer Gleichheit basiert, dem Willen des Volkes entspricht sowie die Rechenschaftspflicht der Herrschenden voraussetzt (vgl. Schmidt 1995, S. 147f.). Trotz der Tatsache, dass sich zu Beginn der 1990er Jahre ca. 40 Prozent der Bevölkerung als orthodoxe Christen positionierten und diese Zahl zunehmend anstieg (vgl. Bremer 2016; N. Beljakowa 2010), wurde das Gleichheitsprinzip in Bezug auf die Religionen anerkannt und in der Verfassung verankert. Die Verfassung spricht auch ausdrücklich von der Trennung von Staat und religiösen Vereinigungen. Die noch in der Perestrojka-Zeit erlassenen rechtlichen Normen waren sehr liberal. Auch auf Initiative der Russischen Orthodoxen Kirche trat 1997 ein Religionsgesetz unter der Bezeichnung „Über die Gewissensfreiheit und die Religionsvereinigungen der Russländischen Föderation" in Kraft, dessen Vorschriften bis heute die Rechte und Pflichten der Religionsgemeinschaften in Russland bestimmen.[2] Zwar wurden im Laufe der letzten zwanzig Jahren zahlreiche Änderungen vorgenommen, doch wurde die prinzipielle Gleichstellung der Religionsgemeinschaften vor dem Staat und dem Gesetz nicht angetastet. Jedoch werden in der Präambel dieses Religionsgesetzes Christentum, Islam, Buddhismus und Judentum explizit als „traditionelle Religionsgemeinschaften"

---

2   Der Text des Religionsgesetzes in deutscher Übersetzung ist in der Zeitschrift Osteuropa 48 (1998), A 274-A 286 abgedruckt.

erwähnt, was privilegierte Beziehungen zwischen dem Staat und diesen Religionsgemeinschaften Russlands ermöglicht und – wenn man Christentum als Orthodoxie identifiziert – vor allem westliche christliche Bekenntnisse sowie andere, etwa asiatische Religionen benachteiligt. Dieser Unterschied aufgrund der Traditionalität oder Nichttraditionalität der Religionsgemeinschaften war eigentlich gegen religiöse Sondergruppen („Sekten") in Russland gerichtet, schuf allerdings gleichzeitig eine Basis für eine Hierarchisierung der Religionsgemeinschaften.

Der Übergang zur modernen russischen Autokratie gilt als ein Resultat der Regression der fragilen Demokratie aufgrund der Misserfolge der liberalen Wirtschaftsreformen der 1990er Jahre. So artikulierte Wladimir Putin, als er 2000 an die Macht kam, deutlich, dass die Wende zum 21. Jahrhundert für Russland auch mit der Wahl eines neuen politischen Kurses einhergehen müsse (vgl. Scherrer 2008; Stricker 2011). Dabei ging es in erster Linie um die Stärkung der nationalen Souveränität. Die Russische Orthodoxe Kirche begleitete die russische Gesellschaft in diesem Prozess; ihr zivilgesellschaftliches Engagement entwickelte sich zusammen mit der Änderung des staatlichen politischen Kurses. Wenn als Kriterien für einen zivilgesellschaftlichen Akteur die Orientierung auf die *res publica* sowie eine *watchdog*-Funktion gegenüber dem Staat gelten, dann lässt sich die Russische Orthodoxe Kirche in den ersten Dekaden nach dem Zerfall der Sowjetunion als zivilgesellschaftliche Institution mit einer klassischen emanzipativen Rolle definieren. Die kirchliche Wiedererweckung wurde auch von demokratischen Impulsen der früheren postsowjetischen Zeiten inspiriert. Damals wurden zahlreiche orthodoxe Bewegungen und Vereinigungen aktiv, die sich mit zivilgesellschaftlichen Fragen wie Jugendarbeit, Gedenkveranstaltungen oder Wohltätigkeitsarbeit beschäftigten (vgl. Chapnin 2015).

Zivilgesellschaft in stabilen Autokratien

Die Kontrollfunktion der Kirche dem Staat und möglicher staatlicher Willkür gegenüber wurde ebenfalls explizit thematisiert. Sie kann im Ergebnis sogar zu einer offiziellen Verweigerung der Kooperation mit dem Staat führen. In bestimmten Fällen könnte die Russische Orthodoxe Kirche versuchen, staatliche Beschlüsse zu boykottieren, dadurch Druck auf den Staat auszuüben und so das staatliche Handeln zu beeinflussen (vgl. Wulf 2018). Diese Option hat sich die Russische Orthodoxe Kirche in Kapitel III.5 ihrer „Grundlagen der Sozialdoktrin", die eine Vollversammlung der Bischöfe bei der Jubiläumssynode 2000 beschlossen hat, in folgenden Worten offengehalten:

> „Wenn die staatliche Macht die orthodoxen Gläubigen zur Abkehr von Christus und Seiner Kirche sowie zu sündhaften, der Seele abträglichen Taten nötigt, so ist die Kirche gehalten, dem Staat den Gehorsam zu verweigern" (ROK 2000, S. 17).

Vor dem Hintergrund, dass die Russische Orthodoxe Kirche als die „Kirche der nationalen Mehrheit" gelten will, würde ein solcher Schritt – auch wenn er keineswegs abzusehen ist – für die staatliche Elite einen enormen Verlust der Legitimierung ihrer Macht bedeuten, was eine Systemdestabilisierung zur Folge hätte. Zwar gibt es Umstände, unter denen die Kirche dem Staat den Gehorsam verweigern kann, doch wird grundsätzlich eine harmonische Zusammenarbeit angestrebt. Kooperation setzt eine gegenseitige Trennung der Akteure und Verfügungsmacht über unterschiedliche Kompetenzen voraus. Die Trennlinien dieses modernen *Symphonia*-Modells sind aber kaum definiert und dadurch unscharf. Es ist klar, dass Kirche und Staat unterschiedlicher Natur sind und verschiedene Interessen und Instrumente haben. Obwohl die Kirche de jure über keine Möglichkeiten verfügt, ihre Interessen durchzusetzen, ist die Kirche ein unantastbarer Teil des Selbstverständnisses der Nation. Sie besitzt dadurch ein enormes Machtpotenzial, ist in den Staat integriert, ihm aber nicht untergeordnet. Doch muss die Frage offen bleiben, inwieweit die Russische Orthodoxe Kirche sich im Konfliktfall tatsächlich gegen den Staat durchsetzen könnte.

Mit der Evolution des russischen Staates hat sich auch die Kirche entsprechend verändert. Wenn die Sozialdoktrin als ein Dokument mit einem konservativen Ansatz und vereinzelten liberalen Elementen gelten kann, werden in den „Grundlagen der Lehre der Russischen Orthodoxen Kirche über Würde, Freiheit und Rechte des Menschen" aus dem Jahr 2008 weitaus konservativere Positionen vertreten. Der zeitliche Abstand zwischen beiden Dokumenten beträgt nur acht Jahre; ihre Veränderungen gehen im Wesentlichen mit dem Übergang Russlands zu einer immer konservativeren Rhetorik einher.

Oft werden in der Forschung Schlussfolgerungen über den Beitrag der Russischen Orthodoxen Kirche zur Entstehung des großrussischen nationalistischen Diskurses gezogen (vgl. Laruelle 2016; Verkhovsky 2012), womit zugleich auch ihre zivilgesellschaftliche Funktion infrage gestellt wird. Dabei wird angenommen, dass der neue normengeleitete Kurs, der von der gesellschaftlichen Elite mitgetragen wird, auf der Vorstellung basiere, dass die russischen traditionellen Werte mit den vermeintlich dekadenten, sich im Werteverfall befindenden postmodernen westlichen Gesellschaften inkompatibel seien. Diese neue Rolle als Bewahrerin der konservativen Werte Russlands werde auch politisch wahrgenommen und führe zu einer enger werdenden Zusammenarbeit zwischen dem Kreml und konservativen, nationalen und transnationalen Akteuren, darunter auch der Kirche (vgl. Blitt 2011; Curanovic 2012). Ein zentrales Argument ist dabei, dass die Russische Orthodoxe Kirche eine normative Grundlage für die russische politische Rhetorik über diese Werte(in)kompatibilität schaffe (vgl. Tserpitskaya 2003; Mitrofanova 2009).

Als Echo dieses Prozesses entstehen in Russland jedoch neue Formen des zivilgesellschaftlichen Engagements. Dieser Prozess ist vielschichtig und funktioniert auf unterschiedlichen Ebenen. Unter anderem hat sich ein orthodoxer Laienaktivismus gebildet. Da die Russische Orthodoxe Kirche als Trägerin des im Land herrschenden Narrativs wahrgenommen wird, ist sie seit 2012 Objekt dieses neuen Aktivismus. Das breite Spektrum umfasst ganz unterschiedliche Aktionen: von dem prominenten Punkgebet mit den Worten „Jungfrau Maria, verjage Putin" der Gruppe „Pussy Riot" in der Christus-Erlöser-Kirche (vgl. Adrian 2012) über die Provokationen der Aktivistengruppe „Gottes Wille", die radikal konservative Überzeugungen mit der Orthodoxie begründen wollen, bis zu den politisch engagierten Veranstaltungen des orthodoxen Jugendbundes „Georgiewzy". Diese breite Palette von Aktionen zeigt die Meinungsdifferenz der Bevölkerung bezüglich der zivilgesellschaftlichen Rolle der Russischen Orthodoxen Kirche im heutigen Russland. Außerdem versucht die Kirche, sich von den extremen Positionen zu distanzieren und bleibt damit wenigstens offiziell unparteilich. So kamen 2012 von Patriarch Kirill auch Appelle an die Gläubigen, sich der Teilnahme an den Demonstrationen zu enthalten (vgl. Krechetnikov 2012). Damit waren sowohl die oppositionellen Proteste gegen die Wahlmanipulationen am Bolotnaja-Platz als auch die Pro-Putin-Demonstrationen gemeint.

In der Russischen Orthodoxen Kirche selbst wird also eine breite Palette an Meinungen vertreten – von radikal konservativen bis zu liberalen, wobei die ersteren jedoch überwiegen. Die verbalisierten Positionen der Kirche sind ein Resultat des Kompromisses zwischen unterschiedlichen Strömungen innerhalb der russischen Orthodoxie, vor allem bezüglich gesellschaftlicher – und nicht nur rein kirchlicher – Themen. Wenn in der Zeit von Patriarch Alexij II. noch eine größere Polyphonie der kirchlichen Stimmen zugelassen wurde, klingt das offizielle kirchliche Narrativ seit der

Inthronisierung von Patriarch Kirill nach außen einstimmiger (vgl. Stähle 2017). Dies zeigt sich immer mehr sowohl am Charakter der kirchlichen Dokumente als auch an ihrer Personalpolitik. Zwar äußert sich bezüglich gesellschaftlicher Fragen neben dem Patriarchen auch ein Kreis von Klerikern, die zu Meinungsmachern geworden sind und auch außerhalb des Kreises der Gläubigen im russischsprachigen Raum Prominenz genießen, doch haben viele von ihnen ihre Stellen innerhalb der Russischen Orthodoxen Kirche verloren. Zuweilen vertreten sie heute diametral verschiedene Positionen, was auch die Spaltung der russischen Gesellschaft bezüglich der zivilgesellschaftlichen Rolle der Orthodoxie in Russland widerspiegelt. Sowohl konservativ als auch liberal geprägte Autoren haben ihre eigenen Leserinnen und Leser und zahlreiche Anhängerinnen und Anhänger in den sozialen Medien. Die offizielle Kirche selbst tendiert dazu, eine balancierte Meinung zu vertreten. So haben im Dezember 2015 zwei wichtige orthodoxe Meinungsmacher – der konservative Wsewolod Chaplin und der eher liberale Sergej Chapnin ihre hohe Stellung innerhalb der Kirche verloren. Dies wurde als klare Botschaft sowohl an die kirchliche als auch an die säkulare Öffentlichkeit verstanden: Kein Radikalismus, weder ein konservativer noch ein liberaler, ist erwünscht. Allerdings bleibt die Meinungshoheit darüber, was „Radikalismus" ist, bei der Kirchenleitung. Die Russische Orthodoxe Kirche sei eine Kirche der nationalen Mehrheit, dadurch sei sie verpflichtet, politisch unparteilich zu bleiben, keine der gesellschaftlichen Gruppen zu favorisieren sowie mit den Vertreterinnen und Vertretern der staatlichen Macht im Dialog zu bleiben, um dem Gemeinwohl der Nation zu dienen. Nach dieser Logik ist auch die Sozialdoktrin konzipiert. Es wurde eine bewusste Entscheidung getroffen, auf eine Konkretisierung des Dokumentes zu verzichten und sich nur grundlegend zu äußern, um eine Spaltung der Gläubigen bezüglich irdischer Angelegenheiten zu vermeiden.

Trotz dieses Versuchs wird die Spaltung immer offensichtlicher, die es zwischen klassischen zivilgesellschaftlichen Institutionen, die eher in Opposition zum Kreml stehen, und neuen Gruppierungen, die nach der Kooperation mit dem Staat suchen und eine größere Verankerung konservativer Normen in der Gesellschaft proklamieren, gibt. Dabei wird ein orthodox legitimierter Aktivismus immer auffälliger. Er befördert die Debatte über den „besonderen Weg" der russischen zivilisatorischen Entwicklung, der eine Konsolidierung der Macht und der Bevölkerung um einen starken Führer herum sowie eine besondere Erwählung und dementsprechend eine besondere Sendung, die die russische Gesellschaft angeblich wahrnehmen und erfüllen soll, bedeutet. Das neue Narrativ in der russischen Politik – Russland als der letzte Vorposten der traditionellen europäischen Werte – bringt die Kirche zu ihrer heutigen Position im Land (vgl. Stoeckl 2017). Da die Orthodoxie sowohl als Unterscheidungsmerkmal zum Westen als auch als Baustein der russischen Souveränität und Quelle der gemeinsamen Identität rezipiert wird, wird die Kirche in eine immer engere Kooperation mit dem Staat involviert. Dies bringt die Russische Orthodoxe Kirche in eine umstrittene Position: Einerseits erlebt sie einen besonderen Moment ihrer Geschichte und ist omnipräsent im gesellschaftlichen Diskurs; andererseits wird damit die Unabhängigkeit der größten Institution Russlands infrage gestellt. Dadurch werden auch ihre zivilgesellschaftlichen Kompetenzen kompromittiert. Die größte Kritik der liberalen Gemeinschaft an der Kirche ist, dass sie durch ihre Zusammenarbeit mit dem Staat das machthabende Regime legitimiere und den Autokratisierungsprozess des Systems befördere.

Das Beispiel der Russischen Orthodoxen Kirche ist keineswegs einzigartig. Ungeachtet der Globalisierung ist die Vorstellung in der Orthodoxie von ihrer besonderen Mission und der Unvereinbarkeit der eigenen Werte mit denen des Westens auch außerhalb Russlands verbreitet, wobei es auch orthodoxe Kirchen wie Theologinnen und Theologen gibt, die eine solche Sichtweise nicht teilen. Und auch in westlichen Kirchen Mittel- und Osteuropas lassen sich derartige Positionen finden, etwa in den katholischen Kirchen Polens, der Slowakei, der Ukraine oder Kroatiens (die allerdings nicht autoritären Regimen gegenüberstehen). Die Frage nach den zivilgesellschaftlichen Implikationen stellt sich daher ebenso für die katholische Kirche.

7 Fazit

Wenn Zivilgesellschaft – so wie für unsere Untersuchung – positiv definiert wird, dann kann sie die Erwartungen auch erfüllen, die gemeinhin in sie gesetzt werden. Das ist pleonastisch: Eine am Gemeinwohl orientierte Zivilgesellschaft ist gut für das Gemeinwohl. Eine solche Definition ist aber notwendig, um für autoritäre Regime einen Begriff von Zivilgesellschaft zu haben, der nicht auch Phänomene erfasst, die in liberalen Gesellschaften ausgeschlossen sind (also etwa vom Staat organisierte Gruppen, die für sich einen zivilgesellschaftlichen Anspruch erheben, aber faktisch das Regime legitimieren sollen). Umgekehrt bedeutet das, dass Zivilgesellschaft ein durchaus problematischer Begriff ist, der keineswegs nur positiv konnotiert werden sollte. Auch in westlichen, liberalen und demokratischen Gesellschaften gibt es Gruppen, deren Zugehörigkeit zur Zivilgesellschaft kritisch diskutiert werden kann. Die enge Definition, die wir gewählt haben, enthebt uns dieser Notwendigkeit und richtet den Fokus deutlicher auf Organisationen, die eine Transformation des autoritären oder repressiven Systems anstreben.

Die Aktionsmöglichkeiten von (so verstandenen) religiösen zivilgesellschaftlichen Akteuren ist von vielen Faktoren abhängig: dem

Charakter des jeweiligen Regimes, der konfessionellen Tradition, den Zielen und Absichten des kirchlichen Handelns und anderen. Eine große Nähe von staatlichen und kirchlichen Strukturen führt nicht selten dazu, dass, wie angedeutet, kritisch zu fragen ist, ob „zivilgesellschaftlich" überhaupt eine angemessene Bezeichnung für solches Handeln ist. Das hieße, dass sich die Kirchen häufig selbst der Möglichkeit benehmen, im anfangs genannten Sinne von Demokratieförderung in ihren Gesellschaften zu wirken. Sie setzen andere Prioritäten. Die Frage, ob man dann noch von einem zivilgesellschaftlichen Charakter religiöser Gemeinschaften sprechen kann, müsste damit noch einmal neu gestellt werden.

Die Frage nach dem gerechten Frieden wird von Kirchen in stabilen autokratischen Systemen nicht thematisiert. Der Grund dafür liegt darin, dass religiöse zivilgesellschaftliche Gruppen, die eine so große Affinität zu staatlichen Strukturen und Positionen haben, kaum eine eigene Position hinsichtlich dieser Frage entwickeln können. Offenbar ist eine gewisse Distanz zum Staat erforderlich, um eine unabhängige friedensethische Position einnehmen zu können. Kirchliche Positionierungen hinsichtlich des Themas sind ebenfalls in starkem Maße von staatlichen Prämissen abhängig. Damit sind sie für den ergebnisoffenen Diskurs wenig hilfreich, und sie tragen auch nicht zur Entwicklung einer anderen theologischen Tradition in der Friedensfrage bei. Nur in Fällen großer Unabhängigkeit der Kirchen von den staatlichen Denkformen wäre zu erwarten, dass eine eigene Position zu diesem Thema erarbeitet und vertreten wird.

Literatur

Abbott, Kenneth W., Philipp Genschel, Duncan Snidal und Bernhard Zangl. 2018. The Governor's Dilemma: Competence versus Control in Indirect Governance. https://bibliothek.wzb.eu/pdf/2018/iv18-101.pdf. Zugegriffen: 30. Dezember 2018.

Adrian, Sandra. 2012. Pussy Riot soll in Haft. Gruppensex im Museum, Schaben im Gericht. https://www.focus.de/politik/ausland/tid-26812/prozess-gegen-musikerinnen-in-russland-pussy-riot-drohen-drei-jahre-haft_aid_794803.html. Zugegriffen: 5. April 2019.

Anderson, John. 2007. Putin and the Russian Orthodox Church: Assymmetric Symphonia? *Journal of International Affairs* 61 (1): 185–201.

Beljakowa, Jelena. 2010. Der Begriff „symphonia" in der russischen Geschichte. *Ost-West Europäische Perspektiven* (1): 16–22.

Beljakowa, Nadeschda. 2010. Religiöses Leben im heutigen Russland – Ideal und Wirklichkeit. *Ost-West Europäische Perspektiven* (1): 54–63.

Berman, Sheri 2003. Civil Society and the Collapse of the Weimar Republic. *World Politics* 49 (3): 401–429.

Bernhard, Michael. 1996. Civil Society after the First Transition. Dilemmas of Post-communist Democratization in Poland and Beyond. *Communist and Post-Communist Studies* 29 (3): 309–330.

Blitt, Robert. C. 2011. Russia's „Orthodox" Foreign Policy: The Growing Influence of the Russian Orthodox Church in Shaping Russia's Policies Abroad. *University of Pennsylvania Journal of International Law* 33: 363–460.

Bremer, Thomas. 2016. *Kreuz und Kreml. Geschichte der orthodoxen Kirche in Russland*. Freiburg: Herder.

Chapnin, Sergey. 2015. Church of Empire. Why the Russian Church chose to bless Empire. https://www.firstthings.com/article/2015/11/a-church-of-empire. Zugegriffen: 30. Dezember 2018.

Curanovic, Alicja. 2012. *The Religious Factor in Russia's Foreign Policy*. New York: Routledge.

Fein, Elke und Sven Matzke. 1997. Zivilgesellschaft. Konzept und Bedeutung für die Transformationen in Osteuropa. https://www.oei.fu-berlin.de/politik/publikationen/AP07.pdf. Zugegriffen: 15. April 2019.

Grande, Edgar. 2018. Zivilgesellschaft, politischer Konflikt und soziale Bewegungen. *Forschungsjournal Soziale Bewegungen* 31 (1-2): 52–60.

Krechetnikov, Artem. 2012. Пресс-служба РПЦ: надо молиться, а не на митинги ходить. https://www.bbc.com/russian/russia/2012/02/110802_russia_patriarch_rallies. Zugegriffen: 30. Dezember 2018.

Laruelle, Marlene. 2016. Russia as an Anti-Liberal European Civilisation. In *The New Russian Nationalism. Imperialism, Ethnicity and Authoritarianism 2000–15*, hrsg. von Kolstø Pål und Helge Blakkisrud, 160–191. Edinburgh: Edinburgh University Press.

Lauth, Hans-Joachim und Wolfgang Merkel. 1997. Zivilgesellschaft und Transformation. Ein Diskussionsbeitrag in revisionistischer Absicht *Forschungsjournal Soziale Bewegungen*. 10 (1): 12–34.

Losehand, Joachim. 2007. *Symphonie der Mächte: Kirche und Staat in Rußland 1689 – 1917*. Herne: Gabriele Schäfer Verlag.

Merkel, Wolfgang und Hans-Joachim Lauth. 1998. Systemwechsel und Zivilgesellschaft. Welche Zivilgesellschaft braucht die Demokratie? *Aus Politik und Zeitgeschichte* 48 (6-7): 3–12.

Mitrofanova, Anastasia. 2009. Роль Русской церкви во внешней политике растет (The Role of the Russian Church in the Foreign Policy Increases). http://ruskline.ru/news_rl/2009/12/10/anastasiya_mitrofanova_rol_russkoj_cerkvi_vo_vneshnej_politike_rossii_rastet/. Zugegriffen: 5. April 2019.

Nikolaou, Theodor. 2011. Das Verhältnis von Staat und Kirche aus orthodoxer Sicht. In *Essener Gespräche zum Thema Staat und Kirche. Das Verhältnis von Staat und Kirche in der Orthodoxie (und Diskussionsbeiträge)*, hrsg. von Burkhardt Kämper und Hans-Werner Thönnes, 125–138 (151-170). Münster: Aschendorff Verlag.

Pew Research Center. 2017. Religious Belief and National Belonging in Central and Eastern Europe. Numbers, Facts and Trends Shaping the World. http://www.pewforum.org/2017/05/10/religious-belief-and-national-belonging-in-central-and-eastern-europe/. Zugegriffen: 30. Dezember 2018.

Robbers, Gerhard. 2003. Status und Stellung von Religionsgemeinschaften in der Europäischen Union. In *Politik und Religion*, hrsg. von Michael Minkenberg und Ullrich Willems, 139–163. Wiesbaden: Westdeutscher Verlag.

Russische Orthodoxe Kirche (ROK). 2000. Grundlage der Sozialdoktrin der Russisch-Orthodoxen Kirche. http://www.kas.de/berlin/de/publications/1369/. Zugegriffen: 30. Dezember 2018.

Scherrer, Jutta. 2008. Kirche und Identität im postsowjetischen Russland https://www.owep.de/artikel/71/kirche-und-identitaet-im-postsowjetischen-russland. Zugegriffen: 30. Dezember 2018.
Schmidt, Manfred G. 1995. *Wörterbuch zur Politik*. Stuttgart: Kröner.
Stähle, Hanna. 2017. В поисках нового языка: медийная стратегия патриарха Кирилла (Seeking New Language: Patriarch Kirill's Media Strategy). https://carnegie.ru/2017/05/16/ru-pub-69951. Zugegriffen: 5. April 2019.
Stoeckl, Kristina. 2017. Analyse: Russland als Verteidiger traditioneller Werte? Eine Idee und ihre Grenzen. http://www.bpb.de/internationales/europa/russland/analysen/249067/analyse-russland-als-verteidiger-traditioneller-werte-eine-idee-und-ihre-grenzen. Zugegriffen: 5. April 2019.
Stricker, Gerd. 2011. Zum Verhältnis von Kirche und Staat in der Orthodoxie. In *Essener Gespräche zum Thema Staat und Kirche. Das Verhältnis von Staat und Kirche in der Orthodoxie*, hrsg. von Bukhardt Kämper und Hans-Werner Thönnes, 7–124. Münster: Aschendorff Verlag.
Tserpitskaya, Olga. 2003. Russian Orthodox Church at the Russian State: Cooperation in Terms of Foreign Policy. http://www.lib.ua-ru.net/diss/cont/126772.html. Zugegriffen: 30. Dezember 2017.
Verkhovsky, Alexander. 2012. Национализм руководства Русскои православнои церкви в первом десятилетии XXI в (Nationalism Among the Russian Orthodox Church's Leadership in the First Decade of the 21st Century). In *Православная Церковь при новом Патриархе (The Russian Orthodox Church Under the New Patriarch)*, hrsg. von Alexey Malaschenko und Sergey Filatov, 141–170. Москва: РОССПЭН (Moscow: ROSSPEN).
Wulf, Herbert. 2018. Politikberatung und Dialog. Thesen zur friedensethischen Verantwortlichkeit der Kirchen In *Gerechter Frieden als Orientierungswissen*, hrsg. von Ines-Jacqueline Werkner und Christina Schües, 89–105. Wiesbaden: Springer VS.

Synthese

Gerechter Frieden in einer gespaltenen Welt
Die Potenziale von Anerkennung, Weltinnenpolitik und Zivilgesellschaft

Matthias Dembinski

1   Einleitung

Die Friedensdenkschrift der Evangelischen Kirche in Deutschland (EKD), so Ines-Jacqueline Werkner in der Einleitung zu diesem Band, adressiere mit der Ausrichtung auf die zentralen friedensethischen Kategorien Recht, Gerechtigkeit und Gewalt wichtige Fragen, bekomme damit aber zwei Problemlagen nicht angemessen in den Blick: Mit dem starken Fokus auf das internationale Recht als Mittel friedensfördernden Handelns gehe eine staatszentrierte Orientierung einher. Zugleich sei die Schrift von einem liberalen Impetus geprägt; als Bausteine des zwischenstaatlichen Friedens rekurriere sie auf die innerstaatlichen Merkmale Demokratie und Rechtsstaatlichkeit.

Diese Ausrichtung ist einerseits verständlich, kann die Einlösung des Versprechens, gerechten Frieden durch das Recht schaffen, am ehesten dann gelingen, wenn das internationale Recht auf die im Inneren der Staaten verwirklichte Demokratie und Rechtsstaatlichkeit bauen kann. Nicht umsonst gilt daher die Europäische Union als Friedensmacht und „Modell für andere Regionen" (EKD

2007, Ziff. 142). Andererseits geraten mit der staatszentrierten Orientierung und der Kopplung des gerechten Friedens an die Verwirklichung innerstaatlicher Demokratie und Rechtsstaatlichkeit Merkmale und Problemlagen der Globalisierung oder der postnationalen Konstellation aus dem Blick. Das gilt zunächst für Fragen der Herrschaft beziehungsweise der Legitimation und Effektivität des globalen Regierens. Zudem werden Fragen nach den Möglichkeiten des gerechten Friedens zwischen demokratischen und nicht-demokratischen Staaten nicht angemessen gewichtet. In beiden Kontexten geht es darüber hinaus um die Rolle, die transnationale Akteure in der globalisierten Welt spielen. Bereits das breite Spektrum derartiger Gruppen – angefangen von zivilstaatlichen Nichtregierungsorganisationen bis hin zu nicht-staatlichen Gewaltakteuren – weist auf die grundsätzliche Ambivalenz ihres Handelns und ihren potenziellen Einfluss auf den Weg zu einem gerechten Frieden hin.

2 Die Schwächen der Demokratisierung und des globalen Regierens als Herausforderung für den gerechten Frieden

Zum Zeitpunkt des Entstehens der Friedensschrift war diese Ausrichtung nachvollziehbar: Die dritte Welle der Demokratisierung (vgl. Huntington 1991) war noch nicht verebbt und die Hoffnung lebendig, dass Formen des Regierens jenseits der Nationalstaaten Ähnlichkeiten mit der Europäischen Union annehmen werden. Beide Hoffnungen sind mittlerweile zerstoben. Statt einer weiteren Ausbreitung der Demokratie erleben wir gegenwärtig bestenfalls eine Stagnation der Demokratisierung. Viele Beobachterinnen und Beobachter sind sogar noch pessimistischer; sie sprechen von schrumpfenden Spielräumen für die Demokratisierung und Durchsetzung der Menschenrechte und von der Ausbreitung hybrider Herrschaftsformen beziehungsweise sogar von einem Siegeszug autoritärer Staatsformen. Beispielsweise konstatiert Rainer Tetzlaff in diesem Band eine zunehmende Ernüchterung – auch in der akademischen Forschung – über Möglichkeiten der Demokratisierung in Staaten, in denen es um die gesellschaftlichen und politisch-kulturellen Voraussetzungen der Demokratie schlecht bestellt ist. Oftmals sei das Ergebnis von außen mit Beratung, Anreizen beziehungsweise auch Sanktionsdrohungen vorangetriebenen Demokratisierungsbemühungen nicht der effiziente und problemlösungsfähige demokratische Rechtsstaat, sondern die Fassadendemokratie oder dramatischer noch der versagende Staat.

Nicht viel besser steht es angesichts der Reformblockaden des Sicherheitsrates der Vereinten Nationen und anderer internationaler Institutionen um die Verrechtlichung des globalen Regierens, geschweige denn um die Annäherung dieses Systems an Gerechtigkeitsstandards. Das beobachtbare System von *Global Governance* kann zwar auf einer Basis abstrakter und nicht zuletzt auch deshalb weitgehend geteilter Normen aufbauen (vgl. Zürn 2018). Diese beziehen sich auf Bereiche wie die Sicherung von Kollektivgütern, den Schutz vor Massenverbrechen oder die Bearbeitung transnationaler Probleme wie den Klimawandel. Institutionen, die wie der UN-Sicherheitsrat oder der Internationale Währungsfond mit der Umsetzung dieser Normen betraut sind, verfügen insofern über Autorität, als ihr Handeln nicht von der Zustimmung aller Staaten abhängt. Daher sind sie zum effektiven Regieren zumindest annäherungsweise in der Lage. Allerdings ist das globale Regieren – im Unterschied etwa zu dem in der EU – stärker fragmentiert. Auch unterliegt das Handeln globaler Akteure keiner rechtlichen Kontrolle und bleibt damit weit hinter den Standards zurück, die die Europäische Union setzt. Statt dem

Recht zu folgen, bleibt globales Regieren von machtpolitischen Imperativen durchwoben. Statt der Gerechtigkeit zum Durchbruch zu verhelfen und gleiche Problemlagen gleich zu behandeln, ist das Agieren globaler Institutionen von den Interessen der großen Mitgliedsstaaten abhängig und zeichnet sich durch Selektivität aus. Viele Kritikerinnen und Kritiker des Globalen Südens sprechen auch von doppelten Standards. Die Folge sind Legitimitätskrisen, die sich etwa am Beispiel der Kritik afrikanischer Staaten am Internationalen Strafgerichtshof studieren lassen (vgl. Dembinski und Peters 2019). Dennoch wäre trotz dieser Defekte des Systems der *Global Governance* friedenspolitisch viel gewonnen, wenn es zumindest gelänge, es zu erhalten. Denn angesichts der allseits augenfälligen Wiederkehr der Großmachtkonkurrenz sind trotz globalisierter Problemlagen ein Zusammenbruch des globalen Regierens und ein Rückfall in die Anarchie des Staatensystems nicht auszuschließen.

Damit tritt die Brisanz der in diesem Band behandelten Herausforderungen deutlicher hervor. Wenn die Welt normativ und herrschaftspolitisch gebrochen bleibt und Demokratien mit Autokratien und hybriden Systemen koexistieren, gleichzeitig aber globalisierte Problemlagen etwa in Form der Klimafrage oder der Risiken nuklearer Abschreckung gemeinsame Antworten erzwingen, stellen sich Fragen der Anerkennung und Kooperation mit diesen Regimen. Wie sollte zwischenstaatliche Zusammenarbeit organisiert sein, um sowohl den herrschaftspolitischen und normativen Unterschieden als auch den gemeinsamen Problemlagen gerecht zu werden? Beide Fragen hängen direkt mit einer dritten zusammen: der Dynamik gesellschaftlicher Transnationalisierung. Dabei geht es um das Potenzial zivilgesellschaftliche Akteure und die Frage, welche Rolle ihnen im Rahmen des globalen Regierens, aber auch im Kontext der Verhärtungen oder Aufweichungen autoritärer Regime zukommen könnte.

3 Anerkennung und Weltinnenpolitik als Wege zum gerechten Frieden in einer normativ gebrochenen Welt

Antworten auf den ersten Fragenkomplex geben die Beiträge von Ulrich Bartosch und Rainer Tetzlaff. Letzterer konstatiert eine zunehmende Attraktivität autoritärer Herrschaftsformen, insbesondere des Typus, der sich durch seinen Output in Form von Wirtschaftswachstum, materieller Bedürfnisbefriedigung und effizientem Regieren legitimiert. Vor diesem Hintergrund erstellt Tetzlaff zunächst eine Typologie autoritärer Systeme und geht dann der Frage nach, inwieweit es gerechtfertigt ist, autoritäre Lenkungsstaaten wie Ruanda oder neuerdings auch Äthiopien zu respektieren. Der Westen sollte – so das Ergebnis seiner Überlegungen – Staaten dieses Typus nicht am eigenen demokratischen Ideal messen und seine Unterstützung nicht von ohnehin kaum erbringbaren Demokratisierungsfortschritten abhängig machen, sondern deren Leistungen anerkennen. Auch wenn man dieser Auffassung zustimmen mag, bleibt offen, wie der Umgang mit den autoritären Staaten zu gestalten sei, die diesem Typus nicht entsprechen. Antworten darauf hängen auch von der Einschätzung ab, wie es um die Friedensfähigkeit – hier verstanden im Sinne eines negativen Friedens – autoritärer Systeme bestellt ist. Autokratien genießen in dieser Hinsicht einen denkbar schlechten Ruf. Der Eindruck, sie seien nach außen in besonderer Weise gewaltgeneigt, wurde vor allem von der Forschung zum Demokratischen Frieden begründet. Allerdings beruhen die quantitativen Ergebnisse zum Teil auf Rückschlüssen von dyadischen Befunden auf monadische Eigenschaften. Aus der Beobachtung, dass Autokratien relativ oft in Kriege gerade mit Demokratien verwickelt sind, schloss die Forschung auf staatliche Eigenschaften, die eine größere Kriegsneigung bedingen. Allerdings muss diese Beobachtung nicht unbedingt etwas mit der Gewaltneigung von Autokratien zu tun haben, sondern kann auch in der Dynamik der Interaktion zwischen Demokratien und Nicht-Demokratien begründet sein (vgl. Dembinski 2010). Zumindest stützen diese Befunde nicht die These, Demokratien müssten gegenüber Nicht-Demokratien eine permanente Abwehrbereitschaft an den Tag legen. Die bisher noch sehr wenigen Beiträge zu einer Theorie der Außen- und Sicherheitspolitik von Autokratien zeigen zwar nicht, dass Autokratien generell ähnlich friedlich seien wie Demokratien untereinander, legen aber die Vermutung nahe, dass einige von ihnen durchaus ein ähnliches nicht-kriegerisches Verhalten nach außen aufweisen wie Demokratien (vgl. Marin 2015). An Rainer Tetzlaff anknüpfend wäre also eine Typologisierung nicht-demokratischer Systeme mit Blick auf ihr Außenverhalten interessant.

Ulrich Bartosch nähert sich der Frage globalen Regierens von einem anderen Blickwinkel. Sein Ausgangspunkt ist ein Paradox: Einerseits erzwingen globalisierte Problemlagen wie die wieder aktuellen Gefahren der nuklearen Abschreckung eine grundsätzlich neue, kooperative und nationale Denkhorizonte überwindende Politik. Carl Friedrich von Weizsäcker hatte für einen solchen Ansatz schon 1963 den Begriff der Weltinnenpolitik vorgeschlagen. Andererseits bleibt es angesichts der staatlichen Fragmentierung und normativen Zersplitterung der Welt und angesichts des real beobachtbaren Festhaltens an nationalen Interessen und Begründungslogiken fraglich, worauf sich Weltinnenpolitik stützen könnte. Wodurch ließe sich eine Dynamik in Gang setzen, die sie in den Bereich des politisch Möglichen rückt? Ulrich Bartosch konsultiert Jürgen Habermas, Ulrich Beck, Johan Galtung und nicht zuletzt Carl-Friedrich von Weizsäcker, um Wege hin zu einer Weltinnenpolitik zu weisen. Mit Letzterem hält er eine Auflösung des Wiederspruchs zwar gegenwärtig nicht für denkbar, wohl aber eine Form adäquaten Managements. Durch kluge Politik ließe sich zumindest die Zeit gewinnen, die ein globaler Bewusstseinswandel braucht, für den Bartosch in der emphatischen Fähigkeit der Menschen, fremdes Leid zu spüren, immerhin eine Grundlage sieht.

4 Zivilisierung durch zivilgesellschaftliche Akteure?

Wer nach den Möglichkeiten für einen solchen Bewusstseinswandel fragt und, wissen will, wie sich globale Solidarität herausbilden und Ansätze einer globalen Öffentlichkeit entstehen können, der gegenüber politische Entscheidungsträger rechenschaftspflichtig werden, wird Antworten zunächst bei der Forschung zu transnationalen Bewegungen suchen. Hierzu geben die Beiträge im zweiten Teil des Bandes Auskunft. Sie spüren dem Potenzial von zivilgesellschaftlichen Akteuren und ihrem Engagement bei der Zivilisierung transnationaler Politik einerseits und der allmählichen Rationalisierung, Aufweichung oder sogar Transformation autokratischer Herrschaft andererseits nach. Es ist notorisch schwierig, das Feld transnationaler, nicht-staatlicher oder zivilgesellschaftlicher Akteure zu beschreiben und zu umreißen. Das Forschungsprogramm der Hessischen Stiftung Friedens- und Konfliktforschung nimmt etwa die gesamte Breite transnationaler Akteure in den Blick, angefangen von NGOs mit einer menschenrechtlichen Agenda bis hin zu nicht-staatlichen Gewaltakteuren wie den Islamischen Staat und zeichnet ein entsprechend ambivalentes Bild dieser Akteure und der Auswirkung ihres Handelns auf den gerechten Frieden. Mit guten Gründen fokussieren die Beiträge in diesem Band auf zivilgesellschaftliche Akteure beziehungsweise genauer auf nationale oder transnationale religiöse Akteure. Aber auch das Feld der Zivilgesellschaft und ihrer Organisationen wirft Abgrenzungsprobleme auf, die der Beitrag von Ansgar Klein instruktiv diskutiert. Er arbeitet die historischen und ideengeschichtlichen Wurzeln unterschiedlicher Konzeptionen von Zivilgesellschaft heraus und zeigt, dass hierunter sowohl eine „zivilisierende Kraft" im Sinne der Aufklärung verstanden werden kann als auch die institutionalisierte Form pluraler gesellschaftlicher und ökonomischer Interessen, die in einem mehr oder weniger diskursiven Prozess um die besten gemeinsamen Lösungen ringen.

Religiöse zivilgesellschaftliche Akteure stellen wiederum nur einen Ausschnitt aus diesem Spektrum dar. Der Blick auf ihr Handeln lohnt nicht nur deshalb, weil sie in der Forschung zu zivilgesellschaftlichen Organisationen häufig zu kurz kommen. Er lohnt auch deshalb, weil sie wie etwa Sarah Jäger zeigt, über spezifische Ressourcen und Einflussmöglichkeiten verfügen, die anderen zivilgesellschaftlichen Organisationen nicht zur Verfügung stehen. Gleichzeitig unterscheiden sich religiöse von anderen zivilgesellschaftlichen Organisationen, weil ihr Engagement letztlich auf geteilten religiösen Überzeugungen und nicht auf gesellschaftlichen Interessen beruht.

Claudia Baumgart-Ochse geht in ihrem Beitrag dem transnationalen Engagement und der Positionierung zweier christlicher Organisationen in Bezug auf die Boykott-, Desinvestitions- und Sanktionsinitiative gegen Israel nach. Sie bestätigt dabei zum einen die These der Ambivalenz religiösen Handelns. Selbst solche Gruppen, die sich auf ähnliche religiöse Traditionen berufen, können sehr unterschiedliche Positionen einnehmen. Diese können auch innerhalb von religiösen Gemeinschaften umstritten sein und müssen immer neu ausgehandelt werden. Religiöse Organisationen bilden so Diskursräume, innerhalb derer um die Anerkennung glaubensideologisch begründeter weltanschaulicher Positionen gerungen werden muss und Verständigung gelingen kann.

Thomas Bremer und Maria Toropova gehen schließlich der Rolle von zivilgesellschaftlichen Akteuren in Autokratien am

Beispiel der russischen orthodoxen Kirche nach. Auch sie weisen auf die Ambivalenz des Handelns zivilgesellschaftlicher Akteure unter derartig eingeschränkten politischen Bedingungen hin. Einerseits können zivilgesellschaftliche Akteure die begrenzten Handlungsspielräume in autoritären Systemen nutzen, um das Informationsmonopol des Staates aufzubrechen, Gegenöffentlichkeit zu organisieren und nicht vom Staat kontrollierte Lebenswelten zu etablieren. Sie verfügen damit über das Potenzial zur allmählichen Transformation. Andererseits können sie sich dem autoritären System anpassen und ihm gegebenenfalls zusätzliche Legitimation verleihen. Bei der Ausleuchtung dieser Ambivalenz und der Potenziale von Zivilgesellschaften in autoritären Systemen ist die Forschung über die Kaskadenmodelle früherer Normdiffusionstheorien hinausgegangen, die vom Bild eines modernen, fortgeschrittenen normativen Standards ausgingen und die Rolle von transnationalen NGO-Netzwerken und staatlichen Anreizen bei der Anpassung anderer an diesen Standard untersuchten. Aus dieser Sicht schienen Fortschritte in Richtung auf Demokratie und Anerkennung der Menschenrechte umso wahrscheinlicher, je größer der Druck auf autoritäre Systeme wird, den die transnationale Zivilgesellschaft von unten und andere Staaten durch externe Anreize und Sanktionsdrohungen von oben ausüben. Stattdessen malt die jüngere Forschung das Bild eines sehr viel eigenständigeren Engagements zivilgesellschaftlicher Organisationen in Autokratien. Sie kennen zwar die politischen Diskussionen und Erfahrungen in anderen Ländern, erkennen darin möglicherweise auch Vorbilder, entwickeln aber gleichzeitig eigenständige Positionen in Auseinandersetzung mit dem autoritären Regime. Eine offene und überaus spannende Frage lautet zudem, ob sich nicht nur die Handlungsmöglichkeiten von zivilgesellschaftlichen Akteuren in autoritären Systemen vergrößern, sondern auch die Erfolgsaussichten ihres Engagements verbessern, wenn sie unabhängig von transnationalen NGO-Netzwerken und externer staatlicher Unterstützung agieren. Zumindest weisen modellhafte Annahmen, die einen Zusammenhang zwischen äußerem Druck und innerer Reform- und Öffnungsmöglichkeiten unterstellen, in diese Richtung.

Den Gedanken von Rainer Tetzlaff über eine Typologie autoritärer Regime aufgreifend wäre es interessant, Autokratien nach der Qualität und dem Niveau zivilgesellschaftlichen Engagements zu unterscheiden. Autoritäre Staaten, die eine lebendige, ausdifferenzierte, mutige und artikulationsfähige Zivilgesellschaft aufweisen, wäre dann ein größeres Potenzial zu eigenständiger Reform und Transformation zu unterstellen als autoritären Staaten mit einer weniger lebendigen Zivilgesellschaft. Und derartige Autokratien verdienen zumindest die gleiche Anerkennung und den gleichen Respekt wie die von Tetzlaff identifizierten Lenkungsautokratien. Zumindest ist ihnen ein Recht auf den eigenen Entwicklungsweg zuzugestehen. Andere Staaten sollten diesen Weg nicht blockieren, sondern zivilgesellschaftlichen Aufbrüchen in autoritären Staaten in der grundsätzlichen Erwartung Zeit geben, dass Transformationen gelingen können. Die Vitalität und Dynamik der iranischen Zivilgesellschaft, die in den letzten Jahren und mit der Öffnung nach Unterzeichnung des Nuklearabkommens noch einmal an Mobilisierungskraft und Kritikfähigkeit gewonnen hat, rückte eine Transformation des iranischen politischen Systems und seiner Sicherheitspolitik in den Bereich des Möglichen. Auch vor dem Hintergrund dieses Gedankens erscheint die Politik der Trump-Regierung gegenüber dem Iran als friedenspolitische Fehlentwicklung mit absehbar katastrophalen Auswirkungen.

Literatur

Dembinski, Matthias. 2010. Demokratischer Frieden und Internationale Institutionen: Eine zukunftsweisende Verbindung. In *Die internationale Organisation des Demokratischen Friedens. Studien zur Leistungsfähigkeit regionaler Sicherheitsorganisationen,* hrsg. von Matthias Dembinski und Andreas Hasenclever, 15–50. Baden-Baden: Nomos.

Dembinski, Matthias und Dirk Peters 2019. The Power of Justice. How Procedural Justice Concern Affect the Legitimacy of International Institutions. *Global Governance* 25 (1): 149–170.

Huntington, Samuel. 1991. *The Third Wave. Democratization in the Late Twentieth Century.* Norman: University of Oklahoma Press.

Marin, Anais. 2015. Dictatorial Peace? Comparing the Conflict-Proneness of Authoritarian Regimes in Post-Soviet Eurasia: A Research Agenda. https://www.researchgate.net/publication/291312329_Dictatorial_peace_Comparing_the_conflict-proneness_of_authoritarian_regimes_in_post-Soviet_Eurasia_a_research_agenda. Zugegriffen: 27. Juni 2019.

Zürn, Michael. 2018. *A Theory of Global Governance. Authority. Legitimacy, and Contestation.* Oxford: Oxford University Press.

Autorinnen und Autoren

Ulrich Bartosch, Prof. Dr. phil., Professor für Pädagogik an der Fakultät für Soziale Arbeit der Katholischen Universität Eichstätt-Ingolstadt

Claudia Baumgart-Ochse, Dr. phil., Projektleiterin an der Hessischen Stiftung Friedens- und Konfliktforschung in Frankfurt a.M.

Thomas Bremer, Prof. Dr. theol., Professor für Ökumenik, Ostkirchenkunde und Friedensforschung am Ökumenischen Institut der Katholisch-Theologischen Fakultät der Universität Münster

Matthias Dembinski, Dr. phil., stellv. Vorsitzender des Forschungsrates und Projektleiter an der Hessischen Stiftung Friedens- und Konfliktforschung in Frankfurt a.M.

Sarah Jäger, Dr. theol., Wissenschaftliche Mitarbeiterin an der Forschungsstätte der Evangelischen Studiengemeinschaft e.V. in Heidelberg

Ansgar Klein, Dr. phil. habil., Geschäftsführer des Bundesnetzwerkes Bürgerschaftliches Engagement und Privatdozent für Politikwissenschaft an der Humboldt-Universität zu Berlin

Rainer Tetzlaff, Dr. phil. habil., Professor Emeritus für Politische Wissenschaft an der Universität Hamburg

Maria Toropova, MA., Doktorandin der Politikwissenschaft an der Goethe-Universität Frankfurt a.M. und Promotionsstipendiatin im Rahmen des Projektes „Orientierungswissen zum gerechten Frieden" an der Forschungsstätte der Evangelischen Studiengemeinschaft e.V. in Heidelberg

Ines-Jacqueline Werkner, Dr. rer. pol. habil., Friedens- und Konfliktforscherin an der Forschungsstätte der Evangelischen Studiengemeinschaft e.V. in Heidelberg und Privatdozentin am Institut für Politikwissenschaft an der Goethe-Universität Frankfurt a.M.

The manufacturer's authorised representative in the EU is Springer Nature Customer Service Centre GmbH, Europaplatz 3, 69115 Heidelberg, Germany. If you have any concerns regarding our products, please contact ProductSafety@springernature.com

Printed and bound by CPI Group (UK) Ltd, Croydon, CR0 4YY

23/03/2026

02076745-0001